ACERCA DEL AUTOR

Richard Webster nació en Nueva Zelanda en 1946, lugar donde aún reside. Él viaja frecuentemente alrededor del mundo, dando conferencias y conduciendo talleres sobre temas psíquicos. También ha escrito muchos libros sobre estos temas y además escribe columnas en revistas.

Richard está casado y tiene tres hijos. Su familia apoya su ocupación, pero su hijo mayor, después de observar la carrera de su padre, decidió convertirse en contador.

Muchos de los autores de Llewellyn tienen sitios en Internet con información y recursos adicionales. Para más información, visite nuestro website en:

http://www.llewellynespanol.com

LAS
CARTAS
Técnicas de
adivinación

Richard Webster

Traducido al Español por: Héctor Ramírez y Edgar Rojas

2002
Llewellyn Español
St. Paul, Minnesota 55164-0383, U.S.A.

PRIMERA EDICIÓN
Primera impresión, 2002

Diseño del interior: Alexander Negrete y Joanna Willis
Diseño de la portada: Gavin Dayton Duffy
Edición y coordinación general: Edgar Rojas
Foto de la portada: © 2002 por Digital Stock
Traducción al Español: Héctor Ramírez y Edgar Rojas

**Library of Congress Cataloging-in-Publication Data (Pending).
Biblioteca del Congreso. Información sobre esta publicación
(pendiente).**

ISBN 0-7387-0268-4

Llewellyn Español
Una división de Llewellyn Worldwide, Ltd.
P.O. Box 64383, Dep. 0-7387-0268-4
St. Paul, MN 55164-0383, U.S.A.
www.llewellynespanol.com

Impreso en los Estados Unidos de América.

Otros libros por Richard Webster

Almas Gemelas

Ángeles Guardianes y Guías Espirituales

Escriba su Propia Magia

Feng Shui para el Apartamento

Feng Shui para el Éxito y la Felicidad

Feng Shui para la Casa

Poderes Psíquicos de las Mascotas (a publicarse en febrero 2003)

Regrese a sus Vidas Pasadas

Para mis buenos amigos
Alan y Michele Watson.

CONTENIDO

PREFACIO

E ra un oscuro garaje ubicado cerca a la playa. Todos los días, muchos llegaban para que se les leyera las cartas por un hombre joven que rara vez tenía algo que decir, excepto cuando leía las cartas.

Yo disfrutaba observándolo durante sus lecturas. Su aspecto y comportamiento cambiaban sutilmente una vez que tenía una baraja en sus manos; se veía más seguro de sí mismo y extrovertido. El placer que sentía al desarrollar las lecturas, era aparente en cada movimiento que hacía. Hablaba con expresión y una voz fuerte y firme, moviendo frecuentemente la cabeza para enfatizar algo especial.

Un día, lo vi en la calle y le pregunté si podía enseñarme a leer las cartas. Lejos de la seguridad de su garaje, no pudo mirarme a los ojos y entre dientes me respondió:

"No puedo enseñarle. Las cartas me hablan".

Varios años después, tuve la gran fortuna de observar gitanas leyendo cartas. Sus lecturas eran muy diferentes. Eran más estructuradas, y cada carta tenía un significado distinto. Usaban una baraja de treinta y dos cartas, y no incluían las del dos al seis de ningún palo. Aunque eran bastante amigables, no discutían su "dukkerin" (adivinación) conmigo.

Estas dos experiencias, separadas por años y doce mil millas, me iniciaron en una búsqueda por aprender más acerca del arte de leer cartas. Este libro es el resultado.

INTRODUCCIÓN

Las personas siempre han querido saber del futuro. En la antigüedad muchos vivían en un estado de constante ansiedad debido a que eran afectados por factores externos fuera de su control. Terremotos, sequías, inundaciones, tormentas y animales salvajes, eran sólo algunas de estas fuerzas.

No es sorprendente que los pueblos primitivos buscaran formas de averiguar por adelantado lo que iba a suceder. Si lograban ese conocimiento, podían almacenar comida para sostenerse durante una sequía, así como lo hizo un Faraón en la época de la hambruna de siete años. Podían trasladarse a terrenos más altos antes que ocurriera una inundación, o alejarse de un área que iba a ser destruida por el fuego.

Por supuesto, aunque la vida ha cambiado enormemente, aún vivimos en tiempos inciertos. El rápido ritmo de vida que tenemos, crea una ansiedad igual a la que nuestros ancestros experimentaron. Todos quieren saber si sus empleos son seguros, si las relaciones durarán, o si tienen suficiente dinero para el retiro del mundo laboral. En cada etapa de la vida, la gente tiene preguntas acerca del futuro.

Nada puede ser más fascinante que lo desconocido, especialmente el misterio que rodea el futuro. Durante miles de años, se han usado diferentes sistemas para predecirlo. Los movimientos de los planetas, cambios extremos climáticos, líneas en la palma de la mano, la forma física de la cabeza, observar bolas de cristal, los sueños y presagios de cualquier tipo, son sólo algunas de las formas que han sido usadas para tratar de quitar el velo del futuro y ver más allá del presente.

La Biblia menciona una variedad de métodos de adivinación, incluyendo sueños, señales y profecías. José tuvo visiones desde su temprana infancia (Génesis 37:5–11). Saúl visitó la bruja de Endor (I Samuel 28:7–25). El rey de Babilonia consultaba los terafines, que eran imágenes usadas para enviar y recibir mensajes por medio de los oráculos (Ezequiel 21:21).

LA HISTORIA DE LAS CARTAS

Nadie sabe exactamente cómo o cuándo fueron inventadas las cartas. Sin embargo, hay dos leyendas que quizás pueden describir su origen. La primera afirma que fueron inventadas en el siglo XII, en el harén del palacio imperial chino. Las mujeres que moraban ahí tenían una vida de increíble aburrimiento esperando ser llamadas a la cama del emperador, y la leyenda dice que en el año 1120 una de ellas inventó las cartas para salir del aburrimiento.

La segunda leyenda afirma que fueron inventadas en la India. Aparentemente, uno de los maharajás solía jalar su barba con frecuencia. Este hábito molestó tanto a su esposa, que ideó un juego para que él utilizara las manos.

Estas leyendas son encantadoras, y pueden incluso tener parte de verdad. Sin embargo, parece más probable que las cartas se hayan originado en Corea, y desciendan de una flecha adivinatoria coreana. Dos expertos en la historia de las cartas, Sir William Wilkinson y el doctor Stewart Culin, hicieron un estudio del origen coreano, y se convencieron de que las cartas efectivamente surgieron de esa cultura.[1]

Wilkinson y Culin ratificaban este origen, porque las cartas originales coreanas tenían forma similar a los pedazos de bambú que eran usados como flechas en ritos de adivinación. Un rollo en forma de corazón sobre el respaldo de las cartas representaba una flecha en forma de pluma. Finalmente, se cree que los números en las cartas estaban relacionados con las plumas de gallos sobre las flechas.[2]

Es posible que las cartas hayan llegado a Occidente a través de Persia, ya que los diseños incluían hombres y mujeres jóvenes, además de reyes y reinas sobre tronos.

Nadie sabe con seguridad si las cartas modernas provienen de Corea, China, India o Persia. En realidad, es posible que hayan sido inventadas por un europeo, tal vez después de ver una baraja asiática.[3]

Sin importar de dónde provienen, las cartas rápidamente se diseminaron por toda Europa en la segunda mitad del siglo XIV. Nadie sabe si llegaron primero a Italia o España. Los moros ocuparon grandes partes de España en ese tiempo, pero Italia estaba comerciando activamente con Oriente, lo que convierte a este país en el más probable candidato.

Ciertos segmentos de la comunidad Europea se opusieron a las cartas desde el comienzo. La primera prohibición fue quizás promulgada en Berna en 1367. Esta evidencia no es concluyente; se menciona en una lista de documentos legales que datan de fines del siglo XIV.[4]

Un monje alemán llamado Johannes von Rheinfelden, también mencionó las cartas en un manuscrito latino encontrado en el Museo Británico. Dice, "el juego de las cartas ha llegado a nosotros este año, a saber, el año de nuestro Señor 1377".[5] Rheinfelden describió seis diferentes barajas, que tenían de 52 a 60 cartas, cada una con cuatro palos. Aunque éstos no los describió, probablemente eran las tradicionales copas, espadas, tréboles y monedas.

Pocos años después, las cartas eran mencionadas en ciudades tan grandes como París, Florencia y Barcelona, usualmente debido a su prohibición. No le tomó mucho tiempo a la iglesia cristiana declarar las cartas como trabajo del diablo.

Es improbable que las cartas hayan sido vistas en Europa antes de 1370, ya que Francesco Petrarca (1304–1374), Giovanni Boccaccio (1313–1375), y Geoffrey Chaucer (1343–1400), no las mencionaron en sus escritos. Según parece, estos hombres eran entusiastas de los juegos, y es inconcebible que no las hayan mencionado si las conocían. Petrarca escribió un tratado sobre el juego, y las cartas no aparecen en él. Boccaccio y Chaucer se refirieron a otras formas de juego en sus trabajos, pero tampoco nombraron cartas.

En 1363, una ordenanza de la iglesia católica prohibió a los clérigos participar en juegos de azar. Aquí no menciona específicamente las cartas. Tampoco lo hizo un edicto del rey Carlos V de Francia, del año 1369, que prohibió ciertos deportes y pasatiempos por nombre.

Muchos creen los gitanos fueron quienes introdujeron las cartas a Europa. Este no es el caso, pues las cartas precedieron la llegada de los gitanos a Europa por más de veinte años. (Los primeros romaníes aparecieron en Europa en 1398). Otros afirman que Marco Polo las trajo de China. Aunque los chinos tenían cartas, eran totalmente distintas a las que fueron introducidas en Europa. Otra historia dice que los cruzados las trajeron de la Tierra santa. Las cruzadas se presentaron setenta años antes de que las cartas fueran por primera vez mencionadas en Europa.

Las más antiguas cartas de tarot existentes, fueron hechas por Carlos VI de Francia. Esto ha guiado a especular que Jacquemin Gringonneur, el hombre que hizo tres barajas de tarot para el rey, inventó las cartas. Esto tampoco es cierto, ya que las cartas estaban bien establecidas cuando él hizo estas barajas en 1392.

La historia de Carlos VI y las cartas de tarot es interesante. Aparentemente, el rey sufría de períodos de depresión. Odette, su hermosa amante, tocaba el arpa, cantaba y le leía. Constantemente buscaba algo que pudiera entretener al soberano. Un día oyó mencionar las cartas que eran nuevas en la ciudad. Después de verlas, le pidió a Jacquemin Gringonneur que diseñara una baraja especial, en la cual las cartas principales mostraran importantes miembros de la corte real. Según se afirma, la baraja alivió la depresión del rey (al menos temporalmente), y las cartas ilustradas se hicieron conocidas como "cartas de figura".

La leyenda no finaliza aquí. Poco después de que el rey había sido ayudado por las cartas, una mujer sarracena visitó a Odette y le enseñó cómo interpretarlas y leerlas. Aunque supuestamente Odette debía guardar en secreto su nueva habilidad, rápidamente la adivinación con cartas se hizo muy popular. Algunos se molestaron, especialmente cuando las cartas identificaban sus infidelidades. Por consiguiente, le dijeron al rey que las cartas originaban enormes pérdidas en juegos y tuvieron éxito al hacer que fueran prohibidas.

Un famoso caballero Etienne de Vignoles —mejor conocido como "La Hire"— estaba triste por esta prohibición. Las cartas le habían dicho acertadamente que una cierta dama lo amaba, algo que él no habría descubierto por sí mismo, y resolvió revocar el edicto del rey. Tuvo éxito pidiéndole a Jacquemin Gringonneur que creara una baraja patriótica que mostrara diosas y dioses mitológicos, figuras bíblicas y héroes pasados y actuales. Los cuatro reyes fueron Julio César (diamantes), Carlomagno (corazones), Alejandro Magno (tréboles) y el rey Carlos VI (picas). Las reinas fueron Palas (también conocida como Minerva), la diosa de las armas (picas); Judit, la gran heroína bíblica (corazones), Raquel (de la Biblia) (diamantes); y la hada Argine (tréboles), quien se veía exactamente como Odette. (Argine es un anagrama de "regina").

La Hire también se incluyó en esta baraja; se convirtió en la sota de corazones. Las otras sotas fueron Hogier el danés (picas), Héctor de Troya (diamantes) y Lancelot (tréboles).

La Hire incluso le dio a los palos un tema militar. Los tréboles representaban las guarniciones de las espadas, los corazones las puntas de las ballestas, los diamantes las puntas de las flechas, y las picas eran las herramientas útiles en las batallas. El rey quedó encantado con la nueva baraja y revocó el edicto. Una vez más las cartas estuvieron disponibles en todas partes.[6]

Las más antiguas barajas conocidas son las de tarot, y las barajas de juego estándar que usamos actualmente se derivan de ellas. Poco tiempo después de su introducción, se inició la producción en serie de cartas usando clichés. Eliminando los arcanos mayores y las sotas, la baraja fue reducida a 52 cartas, haciéndola menos costosa para la fabricación y compra.

La diseminación de las cartas alarmó tanto a la iglesia que empezaron a quemarlas en enormes hogueras. Esto no afectó la demanda, y la producción en serie hizo bajar el costo hasta un nivel más accesible. En 1454, el hijo mayor del rey de Francia compró una baraja mil veces más barata que lo que el duque de Milán había pagado treinta y nueve años atrás.

Mientras las cartas se diseminaron por Europa, diferentes regiones hicieron sus propios cambios. En Italia los reyes se representaban sentados, mientras que en España se representaban parados. Los alemanes cambiaron los palos totalmente, prefiriendo usar campanas, corazones, hojas y bellotas, en lugar de las espadas, copas, monedas y tréboles italianos.

El grabado en madera permitió que las cartas fueran producidas más rápidamente y con mayor calidad que antes. Luego, el invento grabado en cobre hizo que los artistas incorporaran cada vez más detalles en las cartas.

El primer grabador de cobre conocido, llamado el Maestro de las Cartas, nació a comienzos del siglo XV, y tuvo gran influencia en la calidad de las cartas. Él trabajaba en

Mainz, Alemania, al mismo tiempo que Johann Gutenberg lo hacía. Parecería asombroso que estos dos hombres no se hubieran conocido. En realidad, es posible que el maestro de las cartas haya trabajado para Gutenberg.[7] Si fue así, es posible que hayan sido los más importantes acontecimientos en la historia de las cartas: el invento del grabado en cobre y la imprenta.

Fueron los franceses quienes nos dieron los palos que conocemos actualmente.[8] La leyenda atribuye esto a Etienne de Vignoles, el caballero francés que ya fue mencionado, quien murió en 1442. Si esto es cierto, los palos que conocemos actualmente, fueron creados en la primera mitad del siglo XV.

El corazón y la espada fueron copiados del corazón y la hoja alemanes. Sin embargo, la hoja fue volteada noventa grados para convertirla en una hoja vertical. El trébol es quizás una adaptación de la bellota alemana. El diamante fue una creación original. Esta forma era popular en círculo eclesiástico francés entre los siglos XII y XV, y fue escogida deliberadamente para mostrar las principales divisiones de la sociedad en una sola baraja.

Por consiguiente, los corazones representaban la iglesia; las picas podían ser leídas como puntas de lanza, y simbolizaban la aristocracia, porque las lanzas eran armas de caballeros; los diamantes representaban el entrecoro de la iglesia, donde eran enterrados los ricos; y el trébol simbolizaba la gente del campo, ya que era un alimento para cerdos.

Los fabricantes de cartas franceses eran muy innovadores. Rápidamente descubrieron que podían hacer los cuatro reyes, reinas y sotas con un grabado en madera o cobre, y simplemente hacer un cliché en los cuatro palos después. Esto les permitió crear barajas mucho más rápido que sus rivales en otras partes de Europa. Poco tiempo después las cartas de toda Europa empezaran a usar reyes, reinas y sotas genéricos.

Hasta mediados del siglo XIX, las sotas eran llamadas "Knaves". Por esa época las cartas comenzaron a ser elaboradas con índices en dos o cuatro esquinas de cada carta para indicar su valor. La conocida K para king (rey) y Q para queen (reina) se iniciaron en este tiempo. Sin embargo, Kn para "knave" creaba confusión, y el nombre de la carta fue cambiado a "Jack" (sota). Hoy día, por supuesto, un "knave" es considerado un pícaro.

El comodín es una adición norteamericana del siglo XIX, y puede estar relacionada con la carta del Loco en el tarot. El "Euchre" (similar al Poker) solía ser un juego de cartas muy popular en los Estados Unidos y todavía sigue teniendo una gran afición. En este juego, la sota del triunfo y la otra sota del mismo color son llamadas "bowers" (valets). Cuando el euchre fue inventado, otra carta era introducida y llamada "best bower" (mejor valet). Al final, se hizo conocida como el comodín.[9]

Los gitanos probablemente fueron los primeros en usar cartas para propósitos de adivinación, ayudando enormemente en su diseminación por toda Europa. Uno de los primeros libros sobre adivinación con cartas apareció en Alemania en la década de 1480. Fue llamado Eim Loszbuch Ausz der Karten. Las instrucciones le decían al lector que barajara las cartas y sacara una. Luego debía buscar el significado de la carta en un libro del destino. En 1540, Marcolino da Forli publicó un libro sobre lectura de cartas en Venecia. Éste fue el primer libro que explicaba los diferentes despliegues e interpretaciones que pueden realizarse con cartas. Este sistema, que parece ser totalmente creado por él, utilizaba solamente las cartas numeradas.[10] El sistema de Marcolino da Forli dividía las cartas en varios grupos tales como bondad, belleza, inteligencia, muerte, matrimonio, pereza y humildad, y podía responder casi cualquier pregunta. Las preguntas respondidas en su libro incluían: "¿la dama es apreciada por quien ella adora?" y "¿será mejor que él tenga una esposa bonita o una fea?"[11]

Se desconoce el origen de una de las barajas más antiguas inventadas para propósitos de adivinación. John Lenthall, un famoso productor inglés de cartas, la reimprimió en 1712. Es probable que la versión original haya aparecido a finales del siglo XVII. Lenthall era bueno para promover sus productos, y anunció éstos como "Cartas de adivinación que agradablemente revelan la buena y mala suerte que experimenta la vida humana. Incluye instrucciones del uso de las cartas".

El método para su interpretación era inusual y complicado. Una lista de preguntas aparecía impresa en uno de los reyes. Cada pregunta tenía un número. El consultante usaba este número para recibir una respuesta en una de las cartas con número impar. Luego era remitido a una carta de número para encontrar una cita, supuestamente de una famosa sibila de la antigüedad. Además de esto, cada carta tenía un gran simbolismo. Por ejemplo, Merlín aparecía en el as de tréboles, y Hermes Trimegisto en el as de picas. El doctor Fausto aparecía en el tres de tréboles. El rey de corazones mostraba a Herodes, y Nemrod estaba en el rey de diamantes. El Faraón aparecía en el rey de tréboles, y Holofernes en el rey de picas. Es extraña la elección de personajes famosos, tanto reales como imaginarios. Hasta Wat Tyler y Cupido fueron representados.

Las cartas de adivinación de John Lenthall fueron muy populares desde la primera mitad del reinado de Carlos II, hasta después de la muerte de la reina Ana. Fueron hechas numerosas ediciones de ellas, oficiales y pirateadas. Sin embargo, a pesar del éxito de esta baraja, cartas hechas sólo para adivinación, no fueron populares en el resto de Europa hasta finales del siglo XVIII.

Posiblemente, el catalizador para este interés empezó con la publicación de Monde Primitif, de Antoine Court de Gébelin (1725–1784) en 1781. Él afirmaba que las cartas del tarot descendían directamente del Libro de Tot, el trabajo mítico que supuestamente había sido escrito por la deidad egipcia. Después de esto, surgió una ola de publicaciones que aumentaron el interés en la adivinación con cartas de juego y tarot.

El libro de Court de Gébelin inspiró a miles de personas, incluyendo a un adivino y fabricante de pelucas llamado Alliette, quien escribió Manière de se récréer avec le jeu de cartes nomées Tarotss en 1783, y luego produjo su propia baraja de cartas de tarot, conocida como la baraja de "Etteilla". Este último término era su seudónimo, una inversión de su propio nombre. La gran baraja de gitanos egipcia, de Etteilla, todavía está disponible actualmente.

Etteilla a su vez inspiró a otros. Durante todo el siglo XIX, muchas barajas de adivinación fueron creadas. Probablemente la más famosa de ellas fue la de Mlle. Lenormand, que también está disponible hoy día.

Marie–Anne Lenormand (1768–1842), logró fama y fortuna gracias a su habilidad para leer las cartas. Ella fue considerada la mejor adivina de París cuando una joven madre de dos hijos, llamada Rosa, acudió a ella por una lectura. Rosa se disfrazó de doncella, y observó con interés cómo Mlle. Lenormand manejaba las cartas. En la tradición europea, Mlle. Lenormad usaba una baraja de 32 cartas. Rosa escuchó silenciosamente mientras la adivina le decía que aunque tendría dolor más adelante, también habría grandeza. Le dijo que pronto conocería a su segundo marido, quien se convertiría en la persona más poderosa de Europa.

Poco después, un joven general llamado Napoleón Bonaparte acudió por una lectura. Mlle. Lenormand le dijo que se casaría con una hermosa mujer que tenía dos hijos. También mencionó que él iría a la guerra en Italia, y regresaría tan triunfante que todos en el país conocerían su nombre.

Napoleón conoció a Rosa y se enamoró. Sin embargo, no le gustó su nombre, y la persuadió para que lo cambiara por Josefina. Poco después de eso se casaron. Josefina presentó a la adivina en la corte francesa, y prosperó el trabajo de Mlle. Lenormand.

Joachim Murat, el rey de Nápoles, acudió a Mlle. Lenormand para una lectura. Él era también el jefe de la caballería de Napoleón. Mlle. Lenormand le pidió que partiera la baraja. Murat volteó el rey de diamantes. Esta carta tradicionalmente significaba traición y engaño. La adivina puso en su sitio la carta, barajó y le pidió a Murat que partiera de nuevo. Apareció otra vez el rey de diamantes, y lo mismo sucedió en su tercer intento. Mlle. Lenormand se puso furiosa y le tiró las cartas, diciéndole que moriría en la horca o frente a un pelotón de fusilamiento. Su predicción era correcta, y Murat fue ejecutado por el pelotón en 1815.

Varios años después, Napoleón acudió de nuevo a Mlle. Lenormad, quien le dijo que estaba considerando divorciarse de Josefina. También le dijo que tuviera cuidado con su orgullo, ya que podría llevarlo a la cúspide, pero también hacerlo caer de nuevo.

Napoleón encontró a Mlle. Lenormand demasiado precisa. Ella fue arrestada el 12 de diciembre de 1809, y encarcelada durante doce días, siendo liberada sólo después que el divorcio había sido finalizado.

Estos acontecimientos ayudaron a promover el trabajo de Mlle. Lenormand. En 1818 ella escribió un exitoso libro titulado *Mémoirs historique et secrets de l'Imperatrice Joséphine* (memorias históricas y secretas de la emperatriz Josefina).

La baraja de Mlle. Lenormand tiene una ilustración central, con tres más pequeñas en la parte inferior de la carta. La del medio es una planta o flor; las otras dos muestran escenas domésticas, tales como un hombre escribiendo una carta, o un profesor enseñándole a dos niños. En la esquina superior izquierda de la carta aparece un índice. Junto a éste hay un arreglo planetario, y al lado derecho una letra y un signo planetario. Esta baraja es comúnmente confundida con una alemana más moderna, conocida como la baraja de adivinación de Lenormand, que consta de 36 cartas y posee ilustraciones de diferentes interpretaciones, con índices en un cuadrado u óvalo en la parte superior de las cartas.

The Book of Fate (El libro del hado) es una atractiva baraja francesa que data alrededor de 1890. Aún está disponible, pero ahora es llamado *The Book of Destiny* (El libro del destino). Contiene 32 cartas (cada palo va desde el ocho hasta el rey, incluyendo los ases), y una carta en blanco extra para representar el consultante. Cada carta tiene una ilustración que muestra su significado. Por ejemplo, el nueve de tréboles representa un regalo o sorpresa. El rey de corazones sugiere a un hombre de leyes, y el diez de corazones simboliza matrimonio. El significado de cada carta está impreso en francés o inglés en la parte inferior. En la esquina superior izquierda aparece una carta en miniatura.

Las barajas de adivinación especiales siguen siendo fabricadas actualmente. Sin embargo, la mayoría de lecturas con cartas en los últimos 600 años han sido hechas con una baraja común.

No es sorprendente que muchas supersticiones estén relacionadas con las cartas. Por ejemplo, se considera una señal de grave peligro que a la persona se le caiga al piso la baraja completa. También es considerado peligroso cargar una baraja si se tiene un trabajo potencialmente riesgoso, tal como la explotación minera y la navegación. Botar las barajas viejas sugiere mala suerte. En lugar de hacer esto, deberían ser quemadas. Mientras la baraja vieja está ardiendo, una nueva debe ser sacada de su caja y pasada tres veces por el humo. Las cartas que se usan para adivinación nunca deberían ser utilizadas en juegos, y viceversa. Se considera de buena suerte soplar la baraja antes de usarla. A la inversa, es una señal de mala suerte si una sola carta negra cae al piso. Una serie de cartas negras, en un juego o en un despliegue de adivinación, es considerada como presagio de una gran desgracia.

uno

REQUISITOS ESENCIALES

La mayoría de lectores de cartas basa sus interpretaciones en los significados tradicionales de cada carta. Sin embargo, incluso los expertos discuten los significados precisos. Las interpretaciones han cambiado a través del tiempo y de lugar a lugar. Por consiguiente, si usted compra diez libros sobre lectura de cartas, encontrará variaciones en los significados en cada uno.

Lo mismo sucederá con diez lectores diferentes. El joven que lee cartas en un garaje, no parecerá saber los significados de cada carta en forma individual. Su lectura será basada en la combinación de todas las cartas. Por otro lado, las gitanas parecerán depender únicamente de sus interpretaciones de cada carta, ignorando las combinaciones. Además, en la moda europea, las gitanas usaban sólo 32 cartas en lugar de la baraja completa.

Estos métodos son completamente distintos, y sin embargo producen cantidades de clientes satisfechos. ¿Cómo es posible esto?

Cuando las cartas son mezcladas y colocadas, crean un patrón que parece ser aleatorio, pero en realidad no lo es. Esto puede en principio parecer extraño. Nuestra mente subconsciente está conectada al universo y tiene una conciencia del pasado, presente y futuro. Normalmente, esta información no está disponible para la mente consciente, excepto cuando recibimos repentinos destellos de intuición o tenemos sueños precognitivos. Es posible tener acceso a dicha información creando un arreglo especial de cartas que es dirigido por la mente subconsciente. Si ésta ya sabe lo que sucederá en el futuro, puede crear un arreglo de cartas que parece ser aleatorio, pero en realidad es una representación del futuro. El microcosmo (el arreglo de cartas aparentemente al azar) refleja el macrocosmo (el universo). Naturalmente, muchos otros objetos pueden ser usados en lugar de cartas. Dados, huesos y el dominó son tres ejemplos populares de objetos usados para crear patrones aparentemente aleatorios que luego son interpretados.

Este libro se enfoca en la adivinación con cartas. El concepto básico determina que, la mayor parte del tiempo, el curso del futuro puede ser cambiado. Las cartas revelan los problemas del consultante. La charla entre el lector y el consultante pueden establecer las dificultades de diferente forma. Un lector sensible ayudará a aclarar los problemas y permitirá que el interesado tome sus propias decisiones acerca del futuro.

La verdadera habilidad del lector es su capacidad para interpretar cartas individuales y los patrones que crean, de una manera que sea útil para el consultante. Además de esto, un buen lector tendrá empatía con sus consultantes y captará sentimientos e intuiciones que pueden usarse para mejorar la lectura.

Naturalmente, esto es complicado por el hecho de que las personas quieren oír buenas noticias sobre el futuro. Tal vez digan que desean escuchar todo —lo bueno y lo malo—, pero en el fondo realmente esperan sólo buenas noticias.

Las cartas actúan como un puente entre el lector y el consultante. Por consiguiente deben ser manejadas y tratadas con respeto. Esto se aplica incluso después de la lectura. Cuide sus cartas. Guárdelas envueltas en una tela o en una caja reservada sólo para ellas. Reemplácelas cuando estén viejas o sucias. Toque una baraja nueva varios minutos antes de usarla por primera vez, para que imprima sus energías en las cartas. Trátelas siempre como si fueran objetos valiosos y apreciados, e insista en que sus consultantes hagan lo mismo. No lea las cartas a quienes lo toman como broma. Usted puede divertirse mientras hace lecturas, pero básicamente es un proceso serio, ya que el curso de la vida de la gente está involucrado.

No hay dos lectores de cartas que las interpreten exactamente igual. Ellas proveen segmentos de una historia, y depende del lector interpretarlos y hacer una lectura precisa y satisfactoria. Luego está en manos del interesado hacer los cambios necesarios para lograr el resultado que desea.

En este libro veremos diferentes métodos de lectura de cartas. Experimente con ellos y decida cuál es más apropiado para usted. Con práctica y con un trato amable con sus consultantes, podrá hacer lecturas honestas, reveladoras y útiles.

En este libro también he tratado de proveer el significado básico de cada carta. Los significados han cambiado a través de los años. A finales del siglo XVIII, cuando Mlle. Lenormand ejercía su oficio, los palos tenían los siguientes significados:

Las picas eran una señal de tristeza, sufrimientos, dolor y muerte.

Los corazones indicaban felicidad, amistad, amor y asuntos familiares.

Los diamantes sugerían negocios, viajes y noticias.

Los tréboles indicaban asuntos de dinero.

Hoy día, el principal cambio es que los diamantes se toman como cartas de dinero, y las picas no son consideradas tan malas como antes. Para comparación, así es como son interpretadas las cartas actualmente:

Las picas indican obstáculos.

Los corazones son una señal de amor, romance, buena suerte y felicidad.

Los diamantes sugieren dinero y transacciones financieras.

Los tréboles indican trabajo duro, variedad y amistades.

Mlle. Lenormand habría estado de acuerdo con sólo algunas de las interpretaciones convencionales. Tradicionalmente, el rey de picas era un hombre malvado o un magistrado; la reina de picas era una viuda o mujer mala; y la sota de picas mostraba un espía o una persona que fingía ser alguien que no era. El rey de corazones era un hombre influyente; la reina de corazones representaba a una mujer justa; y la sota de corazones era un hombre joven estudioso y trabajador. El rey de diamantes era un campesino justo y honesto; la reina de diamantes era una campesina; y la sota de diamantes recontaba noticias traídas por un desconocido. Finalmente, el rey de tréboles era un hombre sombrío y malo; la reina de tréboles representaba una mujer malvada con una lengua viciosa; y la sota de tréboles era un joven perverso y derrochador.

Mlle. Lenormand consideraba al rey de tréboles como un hombre servicial y generoso, todo lo contrario a lo que decían otros lectores de cartas de ese tiempo. También tomaba a la reina de tréboles como una mujer amable, afectuosa y amorosa; el rey de diamantes era malvado y peligroso, mientras su esposa era amoral, y la sota de diamantes representaba una persona joven resuelta a hacer daño.

Esto muestra las diferentes formas de interpretaciones. Es aconsejable estudiar y aprender un método, y luego experimentar con otros más. Durante un tiempo, probablemente desarrollará un sistema que sea únicamente suyo. Sin importar qué sistema use, el conocimiento que obtiene le permitirá hacer lecturas buenas y sensibles a sus consultantes.

PREPARACIÓN PARA UNA LECTURA

Es importante estar mentalmente preparado para hacer una lectura. Respire profundamente para liberarse de las tensiones o el estrés que haya acumulado en el día. Debe estar preparado para concentrarse exclusivamente en la persona y sus necesidades durante la duración de la lectura. Por consiguiente, cualquier problema que usted tenga debe ser puesto a un lado y olvidado temporalmente. Haga sentir a gusto al consultante, y entable una corta charla antes de iniciar.

Algunos lectores dicen a sus clientes que piensen en algo que desean, antes de comenzar la lectura. Personalmente no me gusta esta idea, porque usualmente el consultante no tiene algo específico en mente, y pensará en cosas frívolas o poco importantes.

Toque las cartas mientras habla con el cliente. Esto ayuda a transmitir sus energías y a remover de ellas recuerdos de lecturas anteriores.

Antes de iniciar la lectura, debe escoger la carta que simbolice a su consultante. Las siguientes son interpretaciones tradicionales para todas las cartas de figura:

El palo de **picas** simboliza personas con cabello y ojos oscuros.

El palo de **tréboles** simboliza personas con cabello castaño y ojos cafés.

El palo de **corazones** simboliza personas con cabello castaño claro y ojos grises o azules.

El palo de **diamantes** simboliza personas con cabello rubio o rojo.

Para una mujer usted puede elegir la reina del palo apropiado, y para un hombre, el rey. La sota es usada para representar una persona joven de cualquier sexo. Esto significa que un adolescente sería representado por ella. Sin embargo, alguien de treinta años podría ser simbolizado por una sota, dependiendo de su madurez y enfoque de la vida. Algunas personas parecen mayores de lo que son, mientras otras permanecen juveniles hasta la muerte. Puede aprovechar la conversación preliminar para decidir si usa o no una sota para representar al consultante.

Coloque la carta que representa al cliente en el centro del área sobre la cual hará la lectura. Ésta es llamada la carta significadora, ya que representa al consultante.

Continúe mezclando las cartas. Cuando esté listo, páselas a su cliente y pídale que las baraje. Es importante que sean mezcladas lentamente en una barajada palma abajo. La baraja no debe ser mezclada en forma tradicional; esta es una forma efectiva de barajar las cartas en juegos, pero no es apropiada en una lectura. A menudo llevo a cabo las acciones de una barajada palma abajo para asegurar que el cliente maneje las cartas adecuadamente.

Permita que el consultante baraje las cartas todo el tiempo que quiera. Cójalas de nuevo y sosténgalas unos segundos antes de empezar a realizar el despliegue. Algunos lectores cierran los ojos y dicen una corta oración en este momento. Usted podría pedir protección divina para los dos, y que resulten sólo cosas buenas de la lectura.

De vez en cuando, alguien dejará caer una o dos cartas mientras revuelve la baraja. Ya que nada sucede accidentalmente, estas cartas habrán caído por una razón. Por consiguiente, deben ser estudiadas e interpretadas. Usualmente hago esto tan pronto como caen; sin embargo, a veces las dejo a un lado y las leo junto con las otras cartas en el despliegue.

Hay muchas formas de colocar las cartas. El método más simple es seleccionar al azar una sola carta e interpretarla. El otro extremo es desplegar todas las cartas de la baraja. La mayoría de despliegues usan algunas de las cartas, no todas.

Un buen despliegue de propósito general que uso regularmente consta de quince cartas (Figura 1). Provee una lectura completa y es un método ideal para comenzar. Las cartas son puestas boca arriba luego de ser tomadas de la baraja boca abajo. Las primeras dos cartas, son colocadas a los lados de la carta significadora. Mientras estoy colocando estas cartas le digo al consultante que las tres lo representan a él (o ella) y a la naturaleza de los problemas que está enfrentando. En otras palabras, representan la situación actual.

Las siguientes tres cartas son puestas en una hilera diagonal ascendente y a la izquierda de las primeras tres. Esto crea el primero de los cuatro radios de una rueda

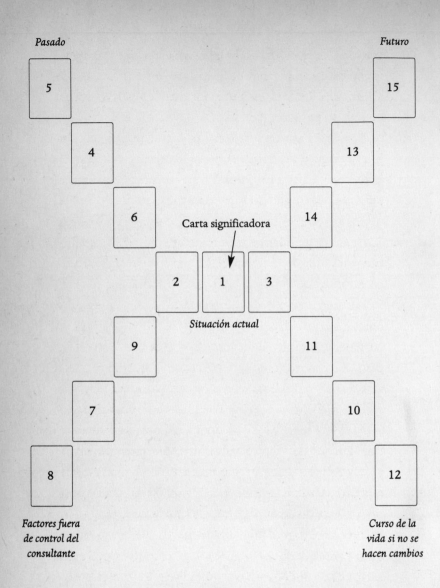

Figura 1
Despliegue para todo propósito.

imaginaria que rodea las primeras tres cartas. De nuevo, la primera carta es colocada en el medio y las otras dos a los lados. Mientras las ubico afirmo que ellas revelan algo de su pasado.

El siguiente grupo de tres cartas es colocado en una hilera diagonal descendente y a la izquierda de las primeras tres. Le digo al consultante que éstas representan factores que están fuera de su control.

Las siguientes tres cartas son puestas en una hilera diagonal descendente y a la derecha. Le digo al cliente que ellas indican lo que sucederá si no hace cambios en su vida.

Las tres cartas finales son colocadas diagonalmente hacia arriba y a la derecha de las primeras tres. Mientras las ubico comunico al interesado que ellas indican el futuro. Algunos lectores prefieren no colocar todas las cartas después que han sido mezcladas. Mientras toman la carta superior y la ponen a la izquierda de la significadora, el consultante baraja de nuevo. Una vez que termina este barajado, el lector toma la segunda carta y la ubica, y el consultante baraja otra vez. Este proceso es continuado hasta que todas las cartas son colocadas. Usted podría hacerlo de esta manera. Yo usé este método mucho tiempo, pero llegué a la conclusión que era mejor utilizar el tiempo extra ganado colocando seguidas las cartas, enfocándome en los problemas del consultante.

No hay prisa para iniciar la lectura. Haga una pausa y observe el despliegue antes de comenzar a interpretar las cartas. Muchos lectores miran el despliegue y hacen comentarios tales como "qué lástima que usted no tenga un tres de diamantes", o "si tan sólo pudiéramos intercambiar esa carta con la reina de tréboles". No tiene caso hacer comentarios de este tipo. Debe trabajar las cartas que han sido colocadas. Las demás son irrelevantes para esta lectura en particular.

En los siguientes tres capítulos verá los significados de las cartas individuales, y los más importantes agrupamientos que pueden ser hechos con ellas. Una vez que haya dominado eso, empezará a leer e interpretar las cartas.

dos

LOS SIGNIFICADOS DE LAS CARTAS

Se ha especulado mucho sobre el número de cartas de la baraja moderna. La baraja del tarot consta de 56 cartas de arcanos menores. Sería lógico esperar el mismo número en la baraja de cartas de juego, pero es probable que la cantidad haya sido reducida deliberadamente para crear correspondencias numéricas.

Por ejemplo, en un período de 24 horas, tenemos noche y día. Una baraja tiene cartas rojas y negras para representar esto. Hay cuatro estaciones en un año, que se relacionan con los cuatro palos. Naturalmente, la primavera y el verano se asocian a las cartas rojas, mientras las negras simbolizan otoño e invierno. También hay trece ciclos lunares en el curso de un año. Cada palo consta de trece cartas. Hay 365 días en un año. Si sumamos el valor numérico de cada carta (cuatro unos, cuatro dos, etc.), el total es 364. Sumándole el comodín a esto, el resultado es 365.

La vida ha sido relacionada con los cuatro palos. La infancia puede ser simbolizada por los corazones, la juventud por los diamantes, la mediana edad por los tréboles, y la vejez por las picas.

Un hecho poco conocido acerca del nombre de las cartas en inglés, es que el número de letras que componen un palo, cuando cada carta es deletreada, suma 52 (ace, two, three, four, five, six, seven, eight, nine, ten, jack, queen, king). El mismo total también es obtenido cuando las letras son sumadas en holandés, francés y alemán.

Hay una famosa historia concerniente a un soldado y su baraja, que se cree data del siglo XVII.[1] Richard Middleton fue encontrado mirando una baraja en la iglesia, y llevado al alcalde para que explicara sus acciones. Él dijo lo siguiente: "la baraja de cartas es almanaque y libro de oración para mí".[2] Él demostró cómo cada carta estaba de algún modo relacionada con la Biblia. En los años cincuenta, Wink Martindale, Tex Morton y otros cantantes de música country, registraron esta historia como una canción llamada "deck of cards".

Cada carta tiene un significado específico, pero su interpretación puede variar de acuerdo a las cartas que la rodean en el despliegue. Además, cuando se familiarice más con las cartas, encontrará que algunas desarrollan significados especiales para usted. Es importante seguir estos sentimientos, ya que tal información estará llegándole de su mente subconsciente.

Los cuatro palos —picas, corazones, tréboles y diamantes— se relacionan con las cuatro clases de gente en el mundo, en la época en que las cartas fueron inventadas. En la posición más alta estaba la aristocracia (duques, príncipes, barones, etc.), seguida por los líderes de la iglesia (obispos, abades, priores, etc.). En la tercera posición se encontraban los comerciantes y administradores, seguidos por el grupo más grande, los granjeros y campesinos. Sus asociaciones con los palos son como sigue:

Aristocracia = Picas

Iglesia = Corazones

Administradores y comerciantes = Diamantes

Granjeros y campesinos = Tréboles

Estas divisiones crean palabras claves que pueden ayudarnos a entender los significados básicos de las cartas. Por ejemplo, las picas son cartas dominantes. La aristocracia era poderosa, avara y ambiciosa. Sus miembros dictaban las leyes y las hacían cumplir. Eran políticos expertos, y el éxito o fracaso para ellos estaba relacionado con lo bien que podían determinar tendencias futuras.

Las cartas del palo de corazones se relacionan con ideales cristianos de amor, paz, cooperación, humildad y justicia.

Las cartas del palo de diamantes están asociadas con el campo de los negocios en la vida, donde sobresalían los administradores y comerciantes. Sabían cómo comprar algo a buen precio y venderlo para obtener ganancia. Por consiguiente, las cartas de este palo se relacionan con transacciones, empresas y éxito en el comercio.

Las cartas del palo de tréboles se asocian con los campesinos —el enorme ejército de personas incultas, menospreciadas, que trabajaban con sus manos excesivamente—. Estas personas sufrieron bajo el sistema feudal. Disfrutaban los juegos, cantar, bailar, beber y estar en contacto con la tierra. Las cartas del palo de tréboles están relacionadas con la persistencia, el crecimiento, los placeres simples y la fe en que la vida será mejor.

Los cartománticos (término dado a quienes adivinan el futuro con cartas) siempre han sido conscientes de que las personas que los consultan son seres complejos que tienen algunas de las características de cada palo.

Esto es demostrado claramente en la carta "el mago" de la baraja del tarot. Muchas barajas lo muestran detrás de una mesa sosteniendo una varita mágica. Sobre la mesa hay una espada, una copa y una moneda. Todo esto representa los cuatro palos de la baraja del tarot, y muestra que una persona completa tiene los cuatro palos en su constitución.

EL COMODÍN

 Algunos lectores descartan el comodín, y personalmente he tenido largas discusiones respecto a los pros y los contras de usarlo en una lectura. Desde luego, el comodín puede complicar una lectura que de otra manera sería sencilla, pero ya que aparece sólo cuando es necesario, pienso que debería ser dejado en la baraja.

El comodín representa a alguien que sigue su camino espiritual. Esta persona es independiente, poco convencional, está en contacto con la naturaleza y libre de temores. Muy a menudo, se encuentra siguiendo un camino espiritual que está en desacuerdo con las personas que rodean el consultante. Esta carta no es materialista. En realidad, es una advertencia para que el consultante tenga extremo cuidado con los asuntos financieros.

Hace muchos años leí las cartas varias veces a un conocido mío que estaba considerando un cambio importante en su vida. Él no me decía lo que pensaba hacer, pero el comodín aparecía en todas las lecturas. Por consiguiente, supe que estaba planeando algo totalmente distinto a la vida convencional que siempre había tenido. No me sorprendí cuando se unió a un programa de ayuda humanitaria en África.

Cuando el comodín es encontrado en las primeras tres cartas del despliegue, muestra que el consultante se ha vencido a sí mismo. Esta persona está libre de celos mezquinos y una mentalidad cerrada, lista para progresar de la forma más conveniente para ella.

PICAS

Parte de la sociedad medieval: Aristocracia

Planeta: Marte

Elemento: Fuego

Cartas del tarot equivalentes: Espadas

Tradicionalmente, las picas han representado dificultades, desgracias, enfermedades y negatividad. Todas las cartas de este palo están relacionadas con cambio en una u otra forma. Por lo tanto, la palabra clave para este palo es "cambio".

As de Picas

Esta es quizás la carta más poderosa de la baraja. Desafortunadamente, ha adquirido mala fama a través de los años porque es considerada una predicción de muerte o desastre. Es fácil ver cómo empezó esta superstición debido a que esta carta representa enorme fuerza, energía y poder. Cuando se usa positivamente, esta energía puede ayudar al consultante a desarrollar grandes cosas, pero si es utilizada negativamente, podría fácilmente destruir y causar daño. Esta carta indica que hay posibles cambios, y el consultante debe pensar cuidadosamente antes de actuar. Si lo hace con un corazón puro, el resultado será satisfactorio.

Si ésta es una de las tres primeras cartas del despliegue, es una señal de que el consultante posee gran poder y debería usarlo sabiamente. Tendrá capacidades de liderazgo e influencia sobre los demás. Sin embargo, el consultante puede también ser terco, inflexible y difícil congeniar con él.

Rey de Picas

El rey de picas representa a un hombre fuerte y poderoso. Él es inteligente, honesto, leal, ambicioso y práctico. Su concepto de la vida es maduro. Si el consultante es hombre, esta carta puede representarlo, especialmente si se encuentra entre las primeras tres cartas del despliegue. Si se trata de una mujer, simboliza una fuerte influencia masculina en su vida. Podría ser su padre, hermano, esposo, un pariente o amigo cercano. Si ésta es una de las primeras tres cartas del despliegue, indica que tal presencia masculina ha estado alrededor de la consultante durante mucho tiempo.

El hombre representado por esta carta trata de ser una buena persona, pero tiende a ver todo en términos de correcto o equivocado. Encuentra difícil aceptar el punto de vista de otras personas, y está bien convencido que su opinión es la mejor. Confía en la lógica y tiende a ignorar su intuición. Anhela la compañía femenina, pero se le dificulta expresar sus sentimientos más profundos.

Reina de Picas

La reina de picas representa una mujer de profundidades ocultas. Es misteriosa, fascinante y enigmática. Debido a que es reservada, toma tiempo conocerla. Sin embargo, vale la pena hacer el esfuerzo. Ella valora sus amistades y disfruta ayudar a las personas especiales en su vida. Es naturalmente intuitiva y rápida para detectar la deshonestidad y el engaño. También es sabia, generosa y brinda apoyo a las personas que quiere. Tiene la capacidad para inspirar a otros y motivarlos a lograr cosas que nunca habrían creído posibles. La reina de picas es una buena amiga, pero también puede ser una formidable enemiga de quienes han tratado de engañarla.

Si el consultante es una mujer, puede representarla si aparece en las primeras tres cartas del despliegue. En caso de que sea un hombre, la carta usualmente simboliza a su madre, siempre y cuando también sea una de las tres primeras.

La reina de picas rara vez simboliza amor y romance. Es más probable que sea una mentora o alguien a quien el consultante acudiría para recibir consejos.

Sota de Picas

La sota de cada palo simboliza una persona joven de cualquier sexo. Él (o ella) es alegre, amigable y curioso. Sin embargo, es probable que esta persona también sea aficionada, y su entusiasmo no dure mucho tiempo.

Posiblemente el consultante sabe de quién se trata. Si no es así, el lector tendrá que usar su intuición para determinar el sexo de esta persona. La sota de picas frecuentemente indica un interés amoroso. Esta persona será importante para el consultante, pero puede tener dudas acerca del futuro de la relación a largo plazo, ya que la sota se interesa más en el aquí y ahora, en lugar de mirar hacia adelante.

Si el consultante es una mujer, la sota es masculina.[3] Este joven hombre es ambicioso, bueno con sus manos, y estará preparado para trabajar duro una vez que empiece. Ella tendrá que ayudarlo a madurar.

Si el consultante es hombre, la persona representada será una mujer posesiva, sorprendente, intuitiva y contradictoria. Por consiguiente, la relación será emocionante, pero es improbable que sea tranquila. El consultante podría a veces sentir que está paseando en la montaña rusa.

Diez de Picas

El diez de picas representa una obstrucción o un callejón sin salida. Tradicionalmente es considerada la carta de decepción. Significa que algo en lo que el consultante ha estado trabajando ya no puede progresar, a menos que esté preparado para cambiar de dirección. Muchas personas son renuentes a hacer esto, y se culpan a sí mismas o a los demás por su desgracia. La lección de esta carta es dar un paso atrás, hacer una pausa, reevaluar y decidir a dónde ir desde este punto. Una vez que esto se haga, el consultante puede empezar de nuevo y al final alcanzar el éxito.

Nueve de Picas

Tradicionalmente, el nueve de picas se conoce como la carta de las decepciones. Está relacionada con "la torre" en la baraja del tarot. Por consiguiente, con frecuencia se considera una carta de destrucción total, pero esto sólo es cierto parcialmente.

El nueve de picas indica un cambio causado por medios inesperados. Podría tratarse de algo físico, pero también puede sugerir un cambio en la forma en que el consultante piensa y ve la vida. La mayoría de personas le temen a cambiar y hacen casi cualquier cosa para evitarlo. Los cambios traídos por el nueve de picas son inevitables, y usualmente tienen un efecto profundo sobre la vida futura del consultante. Lo harán más considerado y caritativo con los demás, y probablemente crearán espacios para nuevas oportunidades.

Ocho de Picas

El ocho de picas es una carta alegre que sugiere felicidad y descanso. El consultante lo merecerá porque ha trabajado muy duro para alcanzar un nivel de éxito material. Es una señal favorable ver esta carta en cualquier parte del despliegue. El consultante necesita ser aconsejado para que saque el mejor partido de ella, pero sin prolongar demasiado el tiempo en que disfrutará los placeres que le provee. Esto es dicho porque algunas personas tienden a sumergirse en tales placeres y olvidan sus responsabilidades.

Siete de Picas

El siete de picas indica éxito parcial. Éste puede ser frustrante, pues a menudo el consultante habrá trabajado duro mucho tiempo, y por lo tanto esperará más recompensas de las que al final recibe. El consultante deberá dar un paso atrás, revalorar la situación, y seguir adelante de nuevo en una dirección ligeramente distinta. Necesitará tiempo para reflexionar, pensar y aprender de esta experiencia. Esta carta promete éxito a largo plazo, pero sólo después de un prolongado período de esfuerzo sostenido.

Seis de Picas

El seis de picas sugiere un tiempo de espera paciente. Esto puede ser difícil, ya que el consultante deseará progresar en sus objetivos, pero en lugar de eso estará marcando el paso. Esta carta indica mala salud, para el consultante o alguien cercano a él (o ella).

La mejor forma en que el consultante puede mejorar esta situación, hasta que ocurran los cambios necesarios, es involucrarse en otros intereses, especialmente los asuntos domésticos y familiares, hasta que finalice el tiempo de espera.

Cinco de Picas

Tradicionalmente, el cinco de picas es considerado la carta de las lágrimas. Puede significar un período de dolor, lamentaciones, remordimientos y separación. Sin embargo, la mayor parte del tiempo el consultante habrá hecho deliberadamente los cambios que originaron estos sentimientos, por sentirse cercado o restringido. El lector necesita observar las cartas que rodean el cinco de picas para ver si estos cambios al final traerán felicidad o tristeza.

Cuatro de Picas

El cuatro de picas representa paz, tranquilidad, contemplación y curación. Es, en efecto, un descanso después de un período de dificultad o trabajo duro. Le da tiempo al consultante para recuperar energía y proyectar a dónde ir a partir de este punto. Esta pausa será corta pero valiosa.

Tres de Picas

El tres de picas simboliza acción rápida y repentina, y usualmente involucra una comunicación de algún tipo. El problema con esto es que la acción quizás será efectuada sin suficiente premeditación. El consultante debe ser aconsejado para que piense antes de actuar. A veces la acción es tomada en nombre del consultante. En tal caso, éste debería dar un paso atrás y permitir que pase un período de tiempo antes de actuar o reaccionar. Esto le permitirá manejar la situación con calma. Si reacciona inmediatamente, es probable que empeore la situación.

Dos de Picas

El dos de picas indica un hipo temporal. El consultante debe ser aconsejado para que no reaccione fuertemente, pues los inconvenientes son temporales y no revisten gran importancia. Una respuesta suave y diplomática aliviará los problemas, y es probable que también mejore la reputación de la persona.

CORAZONES

 Parte de la sociedad medieval: Clero
Planeta: Venus
Elemento: Agua
Cartas del tarot equivalentes: Copas

Sin ser sorprendente, todas las cartas del palo de corazones se relacionan con emociones, sentimientos, amor, romance y amistad. Cuando en el despliegue aparece un gran número de corazones, es una indicación de que su consultante necesita relaciones con otras personas para ser feliz. Por consiguiente, la palabra clave es "amor".

As de Corazones

Tradicionalmente, el as de corazones es conocido como la "carta del hogar". Promete alegría, felicidad y placer. Esta felicidad siempre debería ser compartida con la familia y amigos. Todos los ases son cartas poderosas, con mucha fuerza y energía. Por consiguiente, la alegría puede ser una fuerte y apasionada relación romántica. Podría significar una relación amorosa con un nuevo hobby o interés, o incluso indicar un despertar espiritual. Sin importar lo que esta carta produzca, habrá una gran felicidad.

Tradicionalmente, esta carta se asocia con amor joven, y es una señal de matrimonio e hijos. Sin embargo, el significado de ella es mucho más amplio que eso, y es tan relevante en un despliegue hecho para una persona de ochenta años de edad, como lo es en una lectura para un adolescente.

Rey de Corazones

El rey de corazones simboliza un hombre fuerte que es sabio, confiable, justo, afable y receptivo. Puede ocultar sus sentimientos debajo de un rudo exterior. Esto se debe a que encuentra difícil expresar sus pensamientos y sentimientos más profundos. Usualmente es considerado un hombre mayor, debido a que es maduro en su enfoque de la vida. Sin embargo, su edad física es poco importante.

Esta carta podría indicar al consultante, si es un hombre mayor. Este es especialmente el caso cuando la carta se encuentra entre las tres primeras del despliegue. A menudo, el rey de corazones simboliza al padre del consultante, o una fuerte figura de autoridad. Si es una de las primeras tres cartas desplegadas para una mujer, es una señal de que su vida estará estrechamente relacionada con este hombre, que puede ser su padre, esposo, mentor, confidente o incluso hijo.

Reina de Corazones

La reina de corazones es una mujer alegre, despreocupada y emotiva. Es por naturaleza intuitiva y constantemente está llena de ideas diferentes y emocionantes. Usa su intuición para entender, motivar y apoyar a las personas que quiere. Aprecia la belleza y no le gustan las cosas feas, burdas o poco armoniosas. También es sensible y se hiere fácilmente. Sin embargo, no guarda rencor y perdona rápidamente.

La reina de corazones disfruta la buena compañía, es amigable y sociable. Ríe fácilmente y disfruta las charlas cortas.

Si ésta es una de las primeras tres cartas colocadas para una mujer, es una señal de que ya posee muchas de las cualidades de la reina de corazones. También es favorable si es una de las primeras tres en la lectura para un hombre, pues indica que él es amado. En este caso, la carta podría simbolizar toda su familia.

Sota de Corazones

Esta carta es tradicionalmente vista como símbolo de amor y romance. Sin embargo, también puede indicar un agradable descanso de la rutina diaria. Éste puede oscilar entre unas maravillosas vacaciones y una divertida salida nocturna.

No obstante, la sota de corazones tiende a darse demasiada buena vida. Por consiguiente, si es una de las primeras tres cartas colocadas en un despliegue, es una señal para fijar objetivos, mirar hacia adelante y enfocarse en el futuro en vez de sumergirse en placeres inmediatos.

Diez de Corazones

El diez de corazones es una señal de buenas noticias. Éstas usualmente son una respuesta directa de algo que el
consultante ha iniciado, pero a veces son totalmente inesperadas. La naturaleza de las noticias puede por lo general ser determinada por las cartas que están a cada lado
del diez de corazones en el despliegue. Al consultante se
le debe advertir que quizás las buenas noticias son temporales, y por lo tanto disfrutarlas pero no esperar que con-
tinúen indefinidamente.

Nueve de Corazones

El nueve de corazones es la carta de más felicidad en toda la baraja. Tradicionalmente se conoce como la "carta del deseo". Muestra que el consultante está creciendo y desarrollándose en todas las áreas de su vida, y que esta felicidad es bien merecida. Es probable que el consultante esté derivando placer y satisfacción al ayudar a otros de algún modo. Esta carta también indica un significativo crecimiento espiritual. Lo único que puede estropear la presencia del nueve de corazones, es que el consultante le dé demasiada importancia al lado materialista de su vida.

Ocho de Corazones

El ocho de corazones simboliza un regalo u ofrecimiento. El consultante recibirá o dará este obsequio. En cualquier caso, será recibido con agrado. Usualmente se trata de un objeto material; sin embargo, es probable que sea un regalo de tiempo, amor, amistad, sabiduría o paz mental. Si esta carta es una de las tres primeras colocadas en el despliegue, es una señal de que regalos serán dados y recibidos.

Siete de Corazones

Esta carta tradicionalmente es considerada una señal de desacuerdo, por lo general una riña entre amantes. Con frecuencia indica un altercado temporal de dos personas que se aman. El período en que estén separados será valioso, ya que ambos tendrán tiempo para pensar y aprender de la experiencia. Si ésta es una de las primeras tres cartas colocadas en el despliegue, es una señal de que el consultante es demasiado confiado e ingenuo, y necesita ser más asertivo y estar más seguro de sí mismo.

Seis de Corazones

El seis de corazones promete un progreso lento pero estable. Usualmente, se asocia a relaciones con personas que el consultante ama. La lentitud del progreso probablemente será frustrante, ya que la mayoría de personas busca gratificación inmediata. Esta carta también puede ser interpretada como una advertencia contra la impaciencia o los atajos tomados hacia el objetivo.

Cinco de Corazones

El cinco de corazones indica un cambio importante en una relación. Usualmente significa que algo llega a un final. Ya que esta carta se relaciona en gran parte con el amor, podría tratarse del fin de una relación sentimental. Sin embargo, también podría sugerir un fracaso en los negocios, o abandonar un objetivo que una vez fue importante. Esta carta indica un contratiempo temporal. El consultante lamentará la pérdida de un tiempo, pero luego reanudará su vida con entusiasmo renovado.

Cuatro de Corazones

El cuatro de corazones es una carta valiosa. Significa que el consultante tendrá satisfacción y placer ayudando a los demás, especialmente a las personas que ama. También es probable que esté feliz en su trabajo. El consultante estará ocupado en todas las áreas de su vida y tendrá un sentido de propósito.

Tres de Corazones

El tres de corazones se relaciona con contratiempos y decepciones, usualmente en el amor. Significa que el consultante debe ser consciente de las dificultades que se avecinan, y tener una visión más seria de la situación actual. A menudo las dificultades serán causadas porque el consultante expresó sus ideas cuando no era el momento indicado. Por consiguiente, debe pensar cuidadosamente antes de actuar.

Dos de Corazones

El dos de corazones indica los placeres discretos que el consultante puede experimentar en su vida, usualmente el tiempo pasado con una persona importante para él. A menudo, estos momentos felices son pasados por alto, y esta carta muestra que el consultante necesita aprender a apreciarlos más de lo que lo hace actualmente. Tradicionalmente, el dos de corazones se relaciona con buenas noticias concernientes a amor y romance.

DIAMANTES

Parte de la sociedad medieval: Administradores y comerciantes
Planeta: Júpiter
Elemento: Aire
Cartas del tarot equivalentes: Pentaclos

Los diamantes se relacionan con negocios, poder y finanzas. La perseverancia, lógica y el trabajo duro son característicos de este palo. Por consiguiente, la palabra clave aquí es "dinero".

As de Diamantes

Tradicionalmente, esta carta ha sido relacionada con el inicio del ingreso de dinero. Esto es muy positivo, pues una vez que el dinero empieza a llegar, tiene el potencial de seguir fluyendo. Sin embargo, su significado es mucho más amplio. En lugar de dinero, el consultante podría ganar conocimiento, sabiduría o entendimiento espiritual. Podría estar descubriendo talentos ocultos que al final producirán dinero, estatus o reconocimiento. El consultante será consciente de que ha aumentado su energía y entusiasmo, lo cual le ayudará a alcanzar nuevos niveles de éxito.

Si el as de diamantes es una de las primeras tres cartas en un despliegue, es una señal de que el consultante está a punto de tener una oportunidad para usar su habilidad en una forma práctica que traerá progreso y crédito.

Rey de Diamantes

El rey de diamantes representa a un hombre inteligente, astuto, perspicaz y complejo. Es impaciente y constantemente busca nuevos desafíos. Tiene habilidad para los negocios, pero prefiere una visión total de los detalles. También es leal a su familia y amigos, pero puede ser duro con personas que no respeta o no les tiene confianza. Da una impresión de seguridad personal, pero en el fondo tiene dudas acerca de él mismo. Por consiguiente, es fácilmente herido.

Si esta carta es una de las tres primeras colocadas en un despliegue para un hombre, es una señal de que posee muchos de los atributos del rey de diamantes. Se le debe aconsejar que use el tacto y la paciencia en sus negocios, y piense cuidadosamente antes de hablar.

Si la carta es una de las tres primeras en un despliegue para una mujer, indica que ella ha conocido, o pronto conocerá, a un hombre con muchas de estas características. Debería mirar más detalladamente los hombres en su vida, para asegurar que no ha ignorado a alguien con el potencial para traerle una gran felicidad y satisfacción personal.

A Mlle. Lenormand no le gustaba esta carta y la relacionaba con engaño y traición.

Reina de Diamantes

La reina de diamantes es apasionada, demostrativa y llena de energía. Tiene una mente ágil que puede compendiar todo con una ojeada. Es rápida para actuar y tiene el potencial para salir avante en los negocios o cualquier otro campo que le interese. También es una buena amiga que constantemente motiva e inspira a los demás. Tiende a ser agresiva y recia cuando siente que está siendo cercada o restringida.

Si esta carta es una de las primeras tres colocadas en un despliegue para un hombre, es una señal de que él ha conocido, o pronto conocerá, a una mujer fuerte que se convertirá en una valiosa aliada.

Si esta carta aparece como una de las tres primeras en un despliegue para una mujer, indica que ella tiene muchos de los rasgos de la reina de diamantes. Necesita ser más resuelta, no herirse tan fácilmente, y escoger un objetivo que valga la pena para ella misma.

Sota de Diamantes

La sota de diamantes simboliza a alguien que no está seguro a dónde ir. Puede tratarse de un hombre o una mujer, y no es necesariamente joven. Externamente, esta persona puede dar la impresión de que todo anda bien en su vida, pero internamente hay conflicto, confusión e incertidumbre. Esta carta a veces es relacionada con "el colgado" de la baraja del tarot, y la analogía es apropiada, ya que ambas cartas simbolizan a alguien que mira hacia atrás y tiene miedo de seguir adelante.

Si esta carta es una de las tres primeras del despliegue, representa al consultante o a alguien cercano a él (o ella). Cada vez que aparece en una lectura se requiere paciencia. Se debe esperar el tiempo necesario para permitir que la sota resuelva sus dificultades y determine futuras direcciones.

Diez de Diamantes

El diez de diamantes indica que el consultante pone demasiada atención al lado material de la vida. Probablemente se siente aburrido e inquieto, y deseará escapar de su rutinaria vida cotidiana. Estará buscando nuevas oportunidades para explorar y desarrollar.

Si esta carta es una de las tres primeras en un despliegue, es señal de que el consultante se está volviendo cínico y desilusionándose con el mundo material, y está buscando explorar otras áreas de la vida.

Nueve de Diamantes

El nueve de diamantes es fascinante y significa que los deseos del consultante se harán realidad. Sin embargo, no siempre es considerada positiva. En Escocia, por ejemplo, esta carta es llamada la "maldición de Escocia", porque en 1692 el conde de Stair la usó para dar instrucciones en clave, antes de la infame masacre de Glencoe.[4]

Mlle. Lenormand también la consideraba una carta de peligro. Tenía muchas pinturas grandes sobre las paredes de su impresionante sala. Una de ellas la mostraba señalando al nueve de diamantes mientras miraba fijamente a un joven oficial del ejército. Éste era el general Charles de la Bédoyère, quien fue ejecutado en 1815.[5] Es interesante observar que los gitanos también interpretaban esta carta como una señal de engaño y deshonestidad.

Debido a estas connotaciones negativas, es importante que el consultante desee algo honorable y valga la pena. Los deseos frívolos o egoístas probablemente rebotarán sobre el consultante.

Ocho de Diamantes

El ocho de diamantes es un presagio de éxito financiero, junto con un enfoque equilibrado de la vida. Es una carta práctica y muestra que el consultante mantendrá sus pies sobre la tierra y no permitirá que el éxito lo cambie. El consultante puede necesitar tiempo para descansar y relajarse, porque es probable que esté trabajando demasiado.

Siete de Diamantes

El siete de diamantes indica demoras, contratiempos y confusión. Usualmente estos problemas se relacionan con dinero, aunque podrían presentarse en cualquier área de la vida del consultante. La mayor parte del tiempo, el problema no es tan importante como se piensa. Si él o ella pudiera dar un paso atrás de la situación para verla desde otra perspectiva, encontraría una solución. Sin embargo, siempre que el problema persista, la vida del consultante estará efectivamente estancada. Esta será una experiencia de aprendizaje para el consultante. La mayoría de veces, las cartas a cada lado del siete de diamantes revelarán qué área de la vida involucra el problema.

Seis de Diamantes

El seis de diamantes es una carta de felicidad que sugiere una cálida y amorosa vida familiar, con una razonable seguridad financiera. El consultante podrá mejorar la situación económica de la familia, si está preparado para dejar el cercano ambiente hogareño a fin de buscar oportunidades en otra parte. Sin embargo, será alto el costo en términos de vida familiar.

Cinco de Diamantes

El cinco de diamantes indica una diferencia de opinión en asuntos financieros. Si el consultante se encuentra en una asociación, las dos personas podrían tener puntos de vista distintos sobre cómo manejar el dinero. Esta carta también puede sugerir un repentino cambio en la fortuna del consultante.

Cuatro de Diamantes

El cuatro de diamantes es una señal de progreso lento y estable hacia un objetivo financiero. Éste es alcanzado a través de parquedad, trabajo duro y un buen manejo del dinero. A medida que aumente la fortuna del consultante, lo hará su estatus y reputación.

Tres de Diamantes

El tres de diamantes se relaciona con comunicaciones que involucran dinero. Es probable que se trate de papeles legales, un contrato o tal vez un testamento. El resultado de esta comunicación será determinado por la carta que esté a la derecha del tres de diamantes en el despliegue. Si no hay carta en dicha posición, es una señal de confusión. El resultado se demorará y no traerá tanta satisfacción como desearía el consultante.

Dos de Diamantes

El dos de diamantes se relaciona con buenas noticias inesperadas, concernientes a asuntos financieros. Es probable que esta información provenga de alguien cercano al consultante, y brindará placer a ambos. La suma de dinero involucrada no es grande, pero de todos modos será bienvenida. El consultante estará cosechando esta recompensa gracias a su capacidad para tratar a las personas de forma armoniosa.

TRÉBOLES

Parte de la sociedad medieval: Campesinos

Planeta: Urano

Elemento: Tierra

Cartas del tarot equivalentes: Bastos

Las cartas del palo de tréboles se relacionan con creatividad, entusiasmo, iniciativa y trabajo duro. Los tréboles son ambiciosos, independientes y honestos. La palabra clave es "empresa".

As de Tréboles

Es una carta poderosa que muestra que el consultante es ambicioso con grandes esperanzas y sueños. Sin embargo, necesita canalizar estos deseos en áreas productivas y luego trabajar para hacerlas realidad. Si el consultante está preparado para hacerlo, el éxito es inevitable.

Si esta carta es una de las tres primeras colocadas en el despliegue, es una señal de que el consultante ha sido bendecido con talentos que no son comunes y pueden llevarlo por un largo camino. El consultante será imaginativo, intuitivo, sensitivo y creativo.

Rey de Tréboles

El rey de tréboles es un hombre que sabe mucho más de lo que dice. Es afable y fácilmente se congenia con él, pero tiene un lado complicado en su naturaleza. Toma tiempo conocerlo bien. Este hombre ha sido herido en el pasado y, como consecuencia, ha puesto una barrera protectora para resguardarse de las críticas de los demás. El rey de tréboles tiene muchos intereses, de los cuales algunos lleva a cabo en forma individual, pues disfruta el tiempo solo. A veces está sin compañía y se siente mejor en una relación estrecha, amorosa y comprensiva.

Si esta carta es una de las tres primeras colocadas en un despliegue para un hombre, es una señal de que lo simboliza. Si aparece en otra parte del despliegue, representará a alguien que el consultante conoce.

Si esta carta es una de las tres primeras colocadas en el despliegue para una mujer, representa a un hombre que tiene un papel importante en su vida.

Reina de Tréboles

La reina de tréboles externamente es amigable, sociable, encantadora y graciosa, pero en su interior está astutamente evaluando todo y manipulando la situación para sacar su mayor ventaja. Tiene buen gusto y disfruta estar rodeada por belleza y lujos. También gusta ser el centro de atención, pero tiende a cambiar de humor rápidamente, algo que a veces ahuyenta a las personas. Por consiguiente, puede en ocasiones estar sola y llena de compasión por sí misma.

Esta carta simboliza a una mujer, si es una de las tres primeras cartas colocadas en un despliegue. También puede indicar algunos de los problemas que esta consultante enfrenta.

Si la carta es una de las tres primeras en la lectura de un hombre, es una señal de que una mujer con esas características jugará un papel importante en su vida.

Sota de Tréboles

La sota de tréboles simboliza una persona joven que es honesta, confiable, trabajadora y sincera. Esta persona, hombre o mujer, le tendrá mucho cariño al consultante. Desafortunadamente, es probable que éste la ignore, porque está contento permaneciendo en el incógnito. Sin embargo, la sota de tréboles al final resultará ser un buen amigo que se quedará mucho tiempo después de que se hayan marchado los amigos de los buenos tiempos.

La presencia de esta carta en cualquier parte del despliegue es una indicación de que el consultante tiene un buen amigo de quien realmente no está consciente. El consultante debería aprender a apreciar a esta persona.

Diez de Tréboles

El diez de tréboles se relaciona con nuevos comienzos. Es probable que el consultante esté planeando nuevas direcciones, pero renuente a librarse del pasado. Las nuevas direcciones marcarán un cambio importante para él, pero su entusiasmo y energía le asegurarán que los esfuerzos realizados, con el tiempo serán recompensados. Esta carta frecuentemente se asocia con una confusión causada por la incapacidad del consultante para separar su vida laboral y el hogar.

Nueve de Tréboles

El nueve de tréboles representa sentimientos de satisfacción y alegría. El consultante estará alcanzando sus objetivos y feliz con el progreso hecho hasta el momento. Se sentirá particularmente complacido de que este éxito haya llegado sin perjudicar a los demás. El consultante estará empezando a buscar nuevos desafíos emocionantes que lo lleven más lejos que nunca antes. También disfrutará trabajar en actividades en grupo, a menudo con un rol de consejería o apoyo.

Ocho de Tréboles

El ocho de tréboles es una carta de felicidad tranquila. El consultante habrá aprendido muchas lecciones y sabrá que la alegría y la paz mental se logran con los pequeños placeres. En el pasado, el éxito material habría sido enfatizado excesivamente, pero esto tendrá mucha menos importancia en el futuro. Sin importar lo que suceda en la vida del consultante de aquí en adelante, conservará un sentimiento de paz interior y armonía.

Si esta carta es una de las primeras tres colocadas en el despliegue, indica que el consultante estará aprendiendo que la verdadera felicidad puede perderse si le da demasiada relevancia al trabajo y el dinero, a expensas de lo que realmente es importante en la vida.

Siete de Tréboles

El siete de tréboles es una indicación de que el consultante es mejor para comenzar las cosas que para terminarlas. Es una advertencia de que esta persona debe poner atención a los detalles, pues de otra manera sus empresas podrían derrumbarse. Esta carta puede a veces simbolizar a un diletante, alguien que se acomoda a una cosa u otra, dejando atrás una estela de proyectos finalizados a medias. El consultante debe pasar tiempo solo para pensar, aprender y crecer en conocimiento y sabiduría. De hecho, es probable que disfrute su tiempo sin compañía o en actividades introspectivas. Si está preparado para hacer esto, el futuro resultará ser mucho más exitoso que el pasado.

El siete de tréboles es a menudo una indicación de peligro. Sin embargo, éste siempre puede ser prevenido si el consultante está preparado para hacer cosas necesarias a fin de asegurar el éxito.

Seis de Tréboles

El seis de tréboles es una señal de que la vida social del consultante estará mejorando. Él o ella harán valiosos contactos que resultarán útiles en todas las áreas de la vida. El propio hogar y la vida familiar del consultante serán más agradables que en el pasado, en parte porque tendrá una actitud más condescendiente que antes y expresará mejor sus sentimientos. Deberá asegurar que sus necesidades estén siendo satisfechas, ya que esta carta muestra una tendencia hacia el autosacrificio.

Cinco de Tréboles

El cinco de tréboles es la advertencia de una riña entre dos amigos. Es probable que sea causada cuando uno de ellos progrese más o a mayor rapidez que el otro. La advertencia es para que el consultante disfrute verdaderamente el éxito de sus amigos, en lugar de ostentar el suyo frente a los demás. El consultante será consciente de que es polifacético y puede hacer lo que desee. Tener envidia o molestarse por los logros de otras personas, consume valioso tiempo y energía que podrían usarse de forma mucho más constructiva. Las amistades son muy importantes para dejar que disputas insignificantes las arruinen.

Cuatro de Tréboles

El cuatro de tréboles es una carta favorable, pues muestra que el consultante recibirá ayuda de otras personas cada vez que sea necesaria. El consultante trabaja duro y a veces estará renuente a pedir ayuda a los demás. Esta carta sugiere que él (o ella) es un buen amigo que probablemente no está consciente de lo mucho que lo estiman. Encuentra difícil expresar sus emociones.

A propósito, en el pasado, los jugadores de cartas consideraban al cuatro de tréboles como la carta del diablo, y siempre era un mal presagio si aparecía en las primeras etapas de un juego. También se conocía como la "cama imperial del diablo".

Tres de Tréboles

El tres de tréboles indica una molestia temporal. El consultante podría ser la víctima de un desaire calculado o un chisme malicioso. Incluso es posible que el inconveniente sea causado accidentalmente por sus propias acciones. La forma en que responda a esto, determinará qué tan grave resulte al final. Si muestra generosidad y perdón, el desaire rápidamente será olvidado. El consultante podrá luego seguir una vida agradable. Por otro lado, si permite que el asunto se complique demasiado, es posible que termine siendo una llaga ulcerada que perjudique a todos.

Dos de Tréboles

El dos de tréboles es una carta de potencial. Muestra que el consultante recibirá una invitación de poca importancia inmediata, pero que abrirá puertas para nuevas oportunidades. La invitación está relacionada con amor o la carrera. El consultante tendrá la oportunidad de demostrar su intuición y habilidades de comunicación. Es probable que sea idealista y demasiado modesto, y se detenga cuando debería estar avanzando.

tres

Aprender el significado de las cartas

Aprender el significado de todas las cartas puede ser un proceso desalentador. Cincuenta y tres cartas diferentes es mucho para memorizar. Afortunadamente, hay un sistema mnemónico que le permitirá recordar las palabras claves con sólo un poco de práctica.

LOS PALOS

Cada uno de los palos se relaciona con un área de interés diferente. Los corazones y los diamantes son los más fáciles de recordar: los primeros se asocian con amor y romance, y los diamantes están relacionados con dinero. Las cartas negras también se recuerdan con facilidad. Las picas están asociadas con cambios de diversas clases. La mayoría de personas le teme al cambio, por eso las espadas a veces sirven también como advertencia. Los tréboles se relacionan con creatividad y trabajo duro.

Podemos aumentar estas palabras claves casi indefinidamente:

Los corazones se relacionan con amor, matrimonio, placer, compañía, alegría y tiempos felices.

Los diamantes se relacionan con dinero, finanzas, negocios, prestigio, éxito y poder.

Las picas se relacionan con cambio, sucesos inesperados, confusión, misterio, desafíos, advertencias y lo desconocido.

Los tréboles se relacionan con creatividad, energía, trabajo duro, oportunidades y recompensa.

Podemos decir mucho de un despliegue con una ojeada si un palo es predominante. Hay un famoso tapiz en Escocia, que muestra a la reina María y su consejero,

David Rizzio, mirando horrorizados las cartas que habían sido sacadas para ella. El despliegue consistía en varias picas y un corazón. La advertencia de esta lectura se hizo realidad. Rizzio fue asesinado y María encarcelada por su media hermana, la reina Isabel I, y finalmente ejecutada.

LAS CARTAS NUMERADAS

Cada número tiene un significado según la numerología.

Uno

Palabra clave: Independencia

El número uno se relaciona con nuevos comienzos. Está lleno de energía y entusiasmo. También se asocia con independencia, nuevas ideas, motivación, energía y logro final.

Dos

Palabra clave: Cooperación

El número dos está relacionado con tacto y cooperación. Es amable, intuitivo, bueno, humanitario y sensible a los sentimientos de los demás. También es diplomático, amigable y cariñoso.

Tres

Palabra clave: Expresión de la personalidad propia

El número tres se relaciona con la comunicación y la expresión de la personalidad propia. Es alegre, frívolo, optimista, y está lleno de las alegrías de la vida. Es entusiasta, pero es mejor para comenzar proyectos que para terminarlos. También es muy creativo y se expresa bien a sí mismo.

Cuatro

Palabra claves: Trabajo duro

El número cuatro está asociado con trabajo duro, organización y sistema y orden. Representa al trabajador diligente pero lento que al final siempre realiza el trabajo. A menudo se relaciona con sentimientos de limitación y restricción. Tiene una perspectiva de la vida seria y firme.

Cinco

Palabra claves: Uso constructivo de la libertad

El número cinco se relaciona con libertad, expansión y variedad. No quiere ser restringido o limitado de algún modo. Busca emoción y permanece joven por siempre. El cinco tiene múltiples talentos y debe aprender a usarlos sabiamente.

Seis

Palabra clave: Responsabilidad

El número seis está relacionado con el hogar y asuntos familiares. Es trabajador, responsable, leal y amoroso. Puede armonizar y equilibrar situaciones difíciles. También es comprensivo, compasivo y apreciativo.

Siete

Palabra clave: Aprendizaje

El siete se relaciona con aprendizaje y crecer en conocimiento y sabiduría. Es un número introspectivo y espiritual. Disfruta el tiempo en solitario para reflexionar y meditar. Siempre tiene un enfoque único, y frecuentemente poco convencional, en cualquier cosa que hace.

Ocho

Palabra clave: Dinero

El ocho es un número material. Le gusta estar involucrado en empresas importantes. Está relacionado con finanzas y dinero. Tiende a ser testarudo, con un solo propósito, y firme en su punto de vista. El ocho es consciente del estatus y necesita tener éxito para sentirse feliz.

Nueve

Palabra clave: Humanitarismo

El nueve es un número humanitario. Se interesa por la humanidad en general, más que en individuos específicos. Es desinteresado y disfruta poder dar. El placer y la satisfacción del nueve vienen de dar a los demás.

Diez

Palabra clave: Logro

Este no es el número diez en numerología, ya que el diez es reducido a uno $(1 + 0 = 1)$. Para propósitos de lectura de cartas, considere el diez como un uno ligeramente más viejo y maduro.

El diez indica los mismos nuevos comienzos del uno, pero es menos impetuoso y más precavido. Tiene energía similar al uno, pero está más controlada.

LAS CARTAS DE FIGURA

Las cartas de figura siempre se relacionan con personas específicas en la vida del consultante. A menudo es el consultante mismo, y en algunos despliegues esta clase de cartas es deliberadamente introducida en la lectura para representarlo.

Sotas

Las sotas son usualmente personas jóvenes de cualquier sexo. Son ingenuas, ilusionadas y no del todo conscientes de cómo se mueve el mundo. A veces la sota tiene una edad cercana a la del consultante.

Reinas

Las reinas son mujeres fuertes y a menudo poderosas, que están íntimamente relacionadas con el consultante. Cuando es una mujer quien consulta, la reina puede representarla. En el caso de un consultante hombre, ella es usualmente la influencia femenina dominante en su vida.

Reyes

Los reyes son usualmente hombres maduros con influencia y poder. Pueden ofrecer consejos confiables. Un rey puede a veces representar al consultante si es hombre, y si la lectura es para una mujer, simboliza una fuerte figura masculina en su vida.

REUNIENDO TODO

Ahora sólo tiene que asociar la carta numerada o de figura con el palo. El tres de diamantes se relaciona con comunicación (tres) concerniente a dinero (diamantes). Ya que el tres también expresa las alegrías de la vida, esta carta podría indicar un gasto de dinero o divertirse hablando de él.

¿Qué hay del siete de tréboles? Esta carta está relacionada con aprendizaje y crecimiento espiritual (siete), y creatividad y trabajo duro (tréboles). El consultante tiene el potencial de trabajar fuertemente y aprender algo que se relacione con su creatividad o crecimiento espiritual. Como resultado puede adquirir conocimientos espirituales únicos.

La sota de corazones se asocia con una persona joven o ingenua (sota) que está disfrutando la vida y conociendo la emoción y los placeres del amor (corazones).

El ocho de diamantes es una carta interesante, ya que el dinero está acentuado en el número y el palo. Esto da el potencial para un gran éxito financiero. Sin embargo, el consultante puede tener que aprender de sus propios errores. Esto ocurre porque es probable que sea terco, inflexible e incluso obstinado. No obstante, usted puede garantizar que esta persona persistirá hasta alcanzar el éxito mundano, pues no se sentirá realmente feliz hasta que esto ocurra.

Puede ser un ejercicio útil coger todas las cartas de la baraja e interpretarlas con palabras claves. Se sorprenderá de lo rápido que aprenderá todos los significados básicos, especialmente si emplea ratos libres para practicar. Una vez que pueda pasar por todas las cartas sin indecisión, gradualmente podrá tratar con más detalles las palabras claves. Puede hacer esto usando las interpretaciones presentadas en el capítulo 2, y también empleando su propia intuición.

Algunas personas encuentran útil escribir las palabras claves en cada carta. No hay nada malo al respecto, y he recibido lecturas de lectores profesionales que han utilizado cartas con palabras escritas en ellas. Cualquier cosa que ayude al proceso de aprendizaje es aceptable, pero no se limite a usar cartas marcadas de esta forma. Toma tiempo aprender los significados de las cartas, pero una vez que los haya absorbido, permanecerán con usted de por vida. Cuando llegue a este punto, podrá leer cartas en cualquier parte y momento, con la baraja que esté disponible. Si depende de su propia baraja con palabras claves escritas en las cartas, siempre estará limitado.

Entre más practique, mejor lector será. Al final, todo lo que necesitará hacer es echar una ojeada al despliegue de cartas antes de entretejer una fascinante y pertinente historia acerca de ellas. Cuando llegue a este nivel, estará en posición de ayudar a las personas enormemente con su nuevo talento.

cuatro

CÓMO INTERPRETAR GRUPOS DE CARTAS

Al aprender los significados de las cartas individuales, podrá hacer buenas lecturas para los demás. Sin embargo, estas lecturas serán mucho más precisas y útiles una vez que descubra las relaciones que las diferentes cartas tienen entre sí.

PREDOMINANCIA DE COLORES Y PALOS

Cuando usted despliega las cartas, inmediatamente observa los colores y palos. Esto le dirá mucho.

En un despliegue de, por decir algo, quince cartas, usted esperaría tener siete, ocho o nueve de cada color. Sin embargo, podría encontrar que casi todas tienen el mismo color. Esto significa algo.

Si la mayoría son rojas, el resultado será positivo. Si la mayoría son negras, significa que el consultante estaría en un paseo en montaña rusa, con muchos altibajos.

Lo mismo se aplica a los palos. Un despliegue con una predominancia de un palo, debe ser observado cuidadosamente.

Las picas siempre han sido consideradas cartas de misterio. Por consiguiente, una mayor cantidad de ellas en el despliegue, indica obstáculos, confusión, cambios, acontecimientos inesperados y la posibilidad de peligro. El consultante debe permanecer positivo, pensar antes de hablar, y recibir consejos sabios antes de actuar.

Una predominancia de corazones es usualmente favorable, ya que indica un período de risas, alegría y felicidad. Los corazones son frecuentemente una señal de éxito. Sin embargo, si casi todas las cartas del despliegue son corazones, es una indicación de que el consultante se dará demasiada buena vida en diversas formas, preocupándose poco o nada por los demás.

Cuando predominan los diamantes, es una señal de importantes negocios comerciales y financieros, además del lado práctico de la vida. Sin embargo, si la mayoría de las cartas en el despliegue son diamantes, hay peligro de que el consultante sea consumido por su deseo de dinero, sin pensar en otras cosas.

Una predominancia de tréboles indica que se aproxima un período variado, interesante y estimulante. El consultante sacará el mejor partido de las nuevas oportunidades y hará nuevos amigos. De hecho, la amistad es uno de los más fuertes aspectos de los tréboles. Ellos acentúan la necesidad de amigos, y el hecho de que debemos ser amigables para hacer amistades. Si la mayoría de las cartas son tréboles, el consultante estará tentado a tomar mucho más de lo que razonablemente maneja.

PREDOMINANCIA DE CARTAS DE ALTO Y BAJO VALOR

Si la mayoría de cartas en el despliegue son de alto valor, especialmente ases y cartas de figura, es una señal de que el consultante está a punto de experimentar grandes cambios en su vida. Es probable que estos cambios sean importantes y tengan influencia en el futuro de la persona.

Lo contrario se aplica si la mayoría de cartas tienen un valor bajo. Esto es una indicación de que la vida del consultante continuará con la misma tendencia que antes; no está listo para decisiones o cambios importantes.

COMBINACIONES DE CARTAS

La presencia de dos, tres o cuatro de una misma clase modifica la lectura. Las cartas no necesitan estar seguidas, y pueden encontrarse en cualquier parte del despliegue. Un par de cartas —por ejemplo dos ases— no tiene gran significado. Sin embargo, sugiere que ellas deben ser observadas detalladamente, y serán más importantes que lo usual. Tres o cuatro cartas del mismo valor, afectan la lectura enormemente.

Ases

Tres ases indican nuevas oportunidades y acción dinámica. El consultante tendrá el entusiasmo y la energía que necesita para obtener resultados.

Cuatro ases sugieren el potencial para el éxito en todas las áreas de la vida. Las capacidades del consultante estarán en su mayor nivel, y él (o ella) se sentirá seguro de alcanzar cualquier objetivo. Cuatro ases también pueden significar que el consultante está a punto de lograr éxito después de un arduo trabajo.

Reyes

Si el consultante es hombre, tres reyes indican contactos útiles y buen apoyo de los demás. Si se trata de una mujer, significa que habrá más amigos del sexo opuesto, la posibilidad de un romance, y una agitada vida social.

Para hombres, cuatro reyes indican mayores responsabilidades, respeto y admiración de otras personas, y un aumento en la autoestima. Para mujeres, esto sugiere relaciones con hombres, y la posibilidad de celos y traición.

Reinas

Tres reinas indican nuevas amistades con mujeres. Éstas conocidas tienen el potencial de ser importantes en el futuro y el consultante tendrá que avanzar lentamente y con cautela, ya que tales mujeres tendrán aspectos ocultos y será difícil valorarlas con sólo una ojeada.

Cuatro reinas en la lectura para un hombre, indican que él puede estar atrapado en una situación embarazosa y comprometedora. Si la lectura es para una mujer, esto sugiere que otras mujeres están vigilándola y hablando de ella a sus espaldas.

Sotas

Tres sotas son una señal de disputa. El consultante tendrá que calmar las cosas antes que estas se compliquen exageradamente.

Cuatro sotas indican riñas y discusiones, que usualmente involucran gente joven.

Diez

Tres cartas con el diez son una señal de progreso financiero. Alguien puede rembolsar un préstamo, o el consultante podría tener un pequeño golpe de suerte.

Si aparecen cuatro en una lectura, indican un cambio favorable. Ahora una etapa de la vida ha finalizado, y el consultante empezará otra vez con entusiasmo renovado.

Nueve

Tres nueves son una señal de felicidad y realización. Esto es usualmente inesperado, y se da como resultado de un cambio de actitud, por parte del consultante o personas cercanas a él (o ella).

Cuatro nueves indican un período de éxito y buena suerte. El consultante tendrá que disfrutar su éxito silenciosamente, ya que los logros no serán reconocidos o apreciados por los demás.

Ocho

Tres ochos son una señal de que se están aliviando las presiones financieras. Algo que el consultante hace mejora su situación económica.

Cuatro ochos son una indicación de problemas en los negocios y preocupaciones financieras. Estas dificultades parecen importantes en el momento, pero pasan rápidamente.

Siete

Tres sietes son la señal de un contratiempo temporal. El consultante debería ignorar los comentarios y opiniones de otras personas, y mantener su enfoque firme en el objetivo final.

Cuatro sietes indican que el consultante se sentirá totalmente solo y aislado. Él (o ella) debería usar este tiempo para aclarar lo que sucede en su vida y decidir a dónde dirigirse a partir de aquí.

Seis

Tres seis son una indicación de nuevas oportunidades que son presentadas por personas cercanas al consultante.

Cuatro seis sugieren un retraso agradable. Los asuntos familiares y domésticos temporalmente distraerán al consultante de sus objetivos, pero resultarán divertidos y valdrán la pena.

Cinco

Tres cincos son potencialmente peligrosos. Es probable que el consultante se sienta limitado de algún modo y esté tentado a hacer algo para escapar. Necesita pensar cuidadosamente antes de actuar.

Cuatro cincos indican que el consultante tiene que tomar varias decisiones. Le será difícil elegir, debido al gran número de opciones involucradas.

Cuatro

Tres cuatros indican que un gran obstáculo ha sido superado. El consultante debería hacer una pausa, relajarse y divertirse antes de empezar a trabajar de nuevo.

Cuatro cartas con el número cuatro muestran que el consultante está buscando un desafío que valga la pena. Probablemente esto requerirá varios pasos más que los desarrollados en cualquier cosa que haya intentado antes. El consultante debe pensar mucho, elaborar un plan y luego aprovechar la oportunidad.

Tres

Tres cartas con el número tres son una advertencia para que el consultante eluda chismes ociosos. No debe creer todo lo que oye.

Cuatro cartas con el tres indican comunicación. El consultante deberá sintetizar una gran cantidad de información y decidir lo que está o no basado en hechos.

Dos

Tres dos dan al consultante momentos felices y agradables con amigos cercanos y seres amados. También proveen una oportunidad para compartir ideas con personas que el consultante respeta y admira.

Cuatro cartas con el dos muestran que el consultante probablemente es demasiado sensible por algo que una persona dice o hace. Debería seguir sus propios consejos, y no responder hasta que haya analizado bien el asunto.

OTRAS COMBINACIONES SIGNIFICATIVAS

Cada vez que aparece un as en un despliegue, es buena idea observar las cartas que lo rodean, pues frecuentemente afectan la interpretación.

As de Diamantes

Si el as de diamantes está rodeado por varios corazones, es una advertencia de que el consultante no debe mezclar los negocios y el placer. Podrá ocuparse de una de estas áreas de su vida, pero perderá las dos si trata de mezclarlas.

Si aparece rodeado por varias picas, es una señal de trastorno financiero. El consultante necesita consolidarse, actuar cautelosamente y esperar que el problema termine. La tendencia en esta clase de situación es dejarse llevar por el pánico. Actuar de esta forma origina mayores pérdidas.

Si está rodeado por varios tréboles, es una señal de que el trabajo duro será pagado financieramente.

As de Picas

Si el as de picas está rodeado por varios corazones, es una señal de altibajos emocionales. El consultante debería dar un paso atrás y observar la situación objetivamente.

Si aparece rodeado por varios diamantes, indica altibajos financieros. El consultante debe guardar dinero cuando haya abundancia, para sostenerse en tiempos de escasez.

Si está rodeado por varios tréboles, significa que, aunque el consultante está trabajando duro, tendrá altibajos en su carrera.

As de Corazones

Si el as de corazones aparece rodeado por varios tréboles, es una indicación de que la naturaleza generosa del consultante será reconocida y apreciada por los demás.

Si está rodeado por varios diamantes, es una señal de amor, viajes y dinero.

Si está rodeado por varias picas, indica altibajos en la vida sentimental del consultante.

As de Tréboles

Si el as de tréboles aparece rodeado por varios diamantes, es una señal de mayor riqueza y posición.

Si está rodeado por varias picas, indica muchas dificultades financieras.

Si está rodeado por varios corazones, es una señal de amor, romance, buena suerte y felicidad.

Cartas de figura

Un gran número de cartas de figura en un despliegue indica una fiesta o un evento social importante. Es un tiempo para festejar y celebrar.

Si una sota aparece junto a un rey o una reina, significa que el consultante está siendo protegido.

Si una sota está rodeada por varios diamantes, indica buenas noticias venidas de lejos.

Si la reina de picas aparece entre otras dos cartas de figura, es una señal de chismes maliciosos.

Si la reina de picas es encontrada entre otra reina y un rey, indica la ruptura de una relación.

CARTAS FLANQUEADAS POR DOS CARTAS DEL MISMO PALO

Cualquier carta que esté flanqueada por otras dos del mismo palo, toma muchos de los rasgos de ese palo. Esto puede ser bueno o malo. Por ejemplo, si el dos de corazones (placeres tranquilos en una relación amorosa) está flanqueado por dos picas, es probable que el tiempo que estas dos personas pasan juntas, sea discordante en lugar de placentero.

Por otro lado, si el cinco de picas (carta de lágrimas) está flanqueado por dos tréboles, los efectos adversos serán suavizados enormemente por la amistad y el apoyo de los dos tréboles.

cinco

Cómo leer sus propias cartas

Una antigua superstición dice que una persona nunca debería leer las cartas para ella misma. Esta idea probablemente se originó cuando un lector encontró que había disminuido su trabajo porque la gente estaba leyendo sus propias cartas.

No hay razón para que usted no lea sus propias cartas, y muchas razones por las que sí debería hacerlo. Cuando sea experto en leer las cartas, encontrará que las lecturas personales le ayudarán en todas las áreas de su vida. Las cartas lo guiarán y dirigirán, advertirán peligros y darán pistas en cuanto a las direcciones del futuro.

Existen ventajas y desventajas al realizar lecturas personales. Una de ellas es que usted se conoce a sí mismo mejor que a alguien más. Por consiguiente, podrá discernir toda clase de información que podría escapar de otra persona que simplemente esté leyendo las cartas. La desventaja, por supuesto, es que usted puede estar tentado a leer mal la información para hacer que las cartas se ajusten a sus deseos, en lugar de lo que deparará el futuro. Cada vez que siento que podría estar tentado a interpretar mal la lectura, le pido a alguien que lo haga por mí. Naturalmente, no leo mis propias cartas si tengo una implicación emocional en el resultado o estoy bajo estrés. Sin embargo, en las otras ocasiones si lo hago.

También me gusta leer las cartas a miembros de mi familia, excepto cuando siento que estoy involucrado emocionalmente en el resultado, y no puedo hacer una buena lectura. Las lecturas hechas a mi familia pueden ser útiles para todos. Frecuentemente la información que veo en las cartas de mi hijo, por ejemplo, puede ser aclarada en las de mi hija. La interacción de información entre cada miembro de la familia, nos permite configurar un cuadro completo que de otra manera no sería conocido.

Puede ser difícil desarrollar la objetividad necesaria para que usted lea sus propias cartas y las de sus parientes, pero es una capacidad que vale la pena construir.

Creo que el futuro puede ser cambiado. Si las cartas revelan un resultado que no queremos, tenemos el poder para cambiarlo. No es fácil, pero es posible hacerlo. Tal vez usted deba ver las cosas de otro modo y cambiar varios aspectos de su vida, pero ya que tiene el poder de elección y libre albedrío, puede hacer de su existencia lo que desee. Las cartas ayudarán a guiarlo en la dirección correcta.

Aunque las cartas pueden ser muy útiles suministrándole ayuda y dirección, no debería depender sólo de ellas. Lea las cartas, pero también piense en la situación, pida ayuda a otras personas y busque consejo profesional cuando sea necesario.

He conocido personas que leen sus propias cartas una o más veces al día. Esto probablemente es una buena idea para alguien que está aprendiendo, ya que la práctica es beneficiosa, pero no es una buena costumbre a adoptar. Leer las cartas una vez a la semana debería ser suficiente.

Es buena idea tener las preguntas listas con anticipación a la lectura. Esto permite que su mente subconsciente empiece a trabajar sobre el problema mucho antes de desplegar las cartas.

Piense sólo en una de sus preguntas mientras baraja las cartas. Un despliegue sencillo podría responder más de una de las preguntas, pero la mayoría de veces tendrá que crear nuevos despliegues para cada una.

ELECCIÓN DE LA CARTA SIGNIFICADORA

Escoja una carta que lo represente, usando las pautas para elegir la carta significadora del capítulo 1. La descripción no necesita ser cien por ciento precisa. Si tiene el cabello castaño y ojos grises, podría escoger un trébol o un corazón para simbolizarse. No tiene por qué esforzarse en su elección; se trata simplemente de un símbolo de usted que será colocado en el centro del despliegue.

De hecho, una lectora que conozco elige la carta significadora al azar. Si el consultante es hombre, hace que revuelva los cuatro reyes boca abajo, y luego toma uno como su significador. Cuando la lectura es para una mujer, ella utiliza las cuatro reinas.

EJEMPLO DE UN DESPLIEGUE

Supongamos que va a crear un despliegue para usted mismo. Su pregunta es, "¿mis finanzas mejorarán en los próximos tres meses?". Podría empezar con una oración pidiendo protección y dirección; esto es decisión suya. Muchos lectores de cartas rezan al iniciar y terminar sus lecturas, pero otro tanto no lo hace.

Primero que todo, necesita ubicar la carta que lo describe. Póngala en el centro de la mesa y luego baraje las cartas. (Para los propósitos de esta lectura de ejemplo, asumiremos que la sota de diamantes es la carta que lo representa). Piense en su pregunta mientras mezcla las cartas y las coloca (Figura 2). Las primeras dos son puestas a cada lado de la sota de diamantes. Son la reina y el as de corazones. Las siguientes tres cartas (el pasado) son el diez de tréboles en el medio, flanqueado por el nueve y el cuatro de corazones. Las siguientes tres cartas revelan los factores que están fuera de su control; el ocho de picas, flanqueado por el cuatro de tréboles y el dos de picas. Luego debe colocar tres cartas para representar el curso de su vida si no hace cambios: la reina de diamantes, flanqueada por la sota de corazones y el seis de diamantes. Finalmente, coloque tres cartas que representen el futuro —el diez de diamantes, flanqueado por el as de picas y el cinco de diamantes—.

Inicialmente, observará que el despliegue tiene diez cartas rojas y cinco negras. Esto es positivo. Ningún palo predomina, aunque hay cinco corazones. Esto significa que los siguientes tres meses (el período de tiempo cubierto por la pregunta) serán felices.

Diez de las quince cartas son de alto valor (ocho o mayores), lo cual significa que usted experimentará cambios en los siguientes tres meses.

El despliegue tiene dos ases, dos reinas, dos diez y dos cuatros. Este es un buen balance. Los otros factores que pueden ser vistos con una ojeada son el diez de tréboles flanqueado por dos corazones, y la sota de corazones

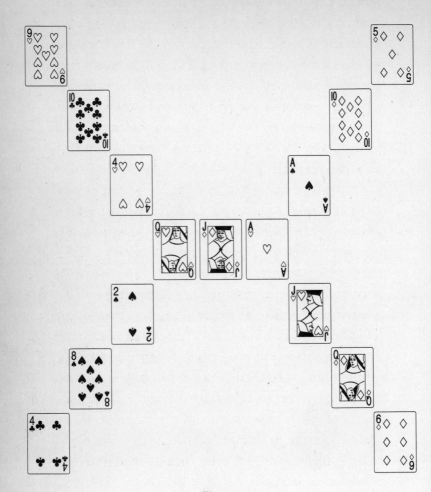

Figura 2
Ejemplo de una lectura.

118

junto a la reina de diamantes. El diez de tréboles se relaciona con nuevos comienzos. Los dos corazones podrían indicar que este nuevo inicio tiene que ver con una relación amorosa. Sin embargo, ya que la pregunta es acerca de dinero en lugar de amor, es más probable que indiquen que usted tendrá el apoyo de amigos cercanos. Como está en la hilera del pasado, sabrá de qué se trata. La sota de corazones junto a la reina de diamantes indica protección.

Con la práctica, notará estas cosas con una ojeada. Ahora es tiempo de mirar las cartas individuales. Empiece con las primeras tres colocadas, la hilera que indica el presente. Dos de ellas son corazones, indicando un presente agradable y armonioso. La sota de diamantes lo representa a usted. La reina de corazones adquiere mayor importancia junto a otra carta de figura. Si usted es mujer, es una señal de que ya tiene muchas de las cualidades de esta reina. Si es hombre, muestra que es amado. El as de corazones también es importante, ya que muestra alegría y felicidad. Esta carta, más la reina de corazones, podría indicar una vida familiar estable, cercana y feliz.

Ahora es tiempo de mirar el pasado. Ya lo hemos cubierto parcialmente. El diez de tréboles flanqueado por dos corazones, sugiere un nuevo comienzo con la bendición y el apoyo de seres amados. El nueve de corazones es la carta más feliz de toda la baraja, mientras el cuatro de corazones indica satisfacción y placer por ayudar a los demás.

El pasado y el presente muestran alegría y felicidad, pero hasta ahora no hemos encontrado un solo diamante que signifique dinero. La siguiente hilera diagonal tampoco lo provee. Ésta muestra factores que están fuera de su control. La carta principal es el ocho de picas, la de mayor felicidad en este palo. A su derecha está el dos de picas, que indica inconvenientes temporales. El cuatro de tréboles muestra que usted recibirá la ayuda necesaria en este tiempo. No hay nada de qué preocuparse en esta hilera.

Las dos hileras siguientes muestran sus dos elecciones. Puede continuar su vida exactamente como es ahora, lo cual es revelado por la hilera diagonal inferior a la derecha del despliegue, o podría hacer algunos cambios y seguir el camino mostrado en la hilera diagonal superior.

En la hilera que muestra el resultado si no hace cambios, finalmente tenemos cartas de dinero. La carta central de esta hilera es la reina de diamantes, que simboliza una mujer fuerte y poderosa que lo motivará e inspirará. A su derecha está el seis de diamantes, una carta de dinero, pero hay un precio que debe ser pagado. Tendrá que dejar a su amorosa, estable y feliz familia, para salir al mundo en busca de las relativamente modestas retribuciones financieras que esta carta promete. La sota de corazones provee protección (ya que está junto a una reina). Para los propósitos de la lectura, esta carta indica el potencial de un agradable descanso de la rutina diaria. Parece que el futuro será placentero si sigue el camino en que se encuentra ahora. Su fortuna aumentará lentamente, pero involucrará períodos lejos de casa.

Finalmente, miremos el futuro que puede crear para usted mismo. En el centro de esta hilera final está el diez de diamantes, no exactamente la carta que habríamos deseado, considerando la naturaleza de la pregunta. Esta carta indica que está poniéndole demasiada atención al lado financiero de la vida, y es probable que esté aburrido con la actual situación. A la derecha de esta carta está el cinco de diamantes, que sugiere una diferencia de opinión concerniente a dinero. Sin embargo, también puede indicar un repentino cambio en su fortuna. La última carta de esta hilera es el as de picas, la carta más poderosa de la baraja, que le da entusiasmo, energía y gran poder, pero debe ser usada sabiamente. Esta carta indica cambios importantes que funcionarán si sus motivos son buenos. Parece que si sigue este camino, habrá desacuerdos por dinero, pero también el potencial para una gran ganancia económica. Habrá riesgos involucrados al tomar esta ruta. Sin embargo, ya que parece que está aburrido con el statu quo (diez de diamantes), este podría ser un camino a seguir. Naturalmente, la decisión final está en sus manos.

LECTURA DE JUDELLE

Este es otro ejemplo. Una pariente cercana, le preguntó a las cartas si la relación con su actual novio seguiría en pie. Él había sido trasladado a otra ciudad, y Judelle estaba preocupada porque la relación podría gradualmente disolverse hasta terminar. Ella escogió la sota de corazones como su carta significadora. Cuando desplegó las cartas, casi todas resultaron ser corazones (Figura 3). Esto era positivo, pues indicaba risas, felicidad y diversión. Sin embargo, ya que casi todas las cartas del despliegue eran corazones, teníamos una indicación de que Judelle estaría tentada a divertirse en varias formas y pensando sólo en ella.

Las cartas que flanqueaban la sota de corazones eran el diez y el tres de corazones. Éstos indican la situación actual y dan un cuadro preciso de lo que sucede en la vida de Judelle. El diez de corazones anuncia buenas noticias, probablemente el ascenso y aumento de sueldo que recibió su novio. Esto es maravilloso, pues últimamente ellos tenían la intención de casarse. Sin embargo, el tres de corazones es una señal de contratiempos y decepciones, lo cual podría significar la forzada separación de la joven pareja, que resulta difícil para los dos.

La hilera que simboliza el pasado tenía el cuatro de corazones, flanqueado por la reina de corazones y el cuatro de diamantes. La reina de corazones posiblemente representa a Judelle, ya que muestra a una persona

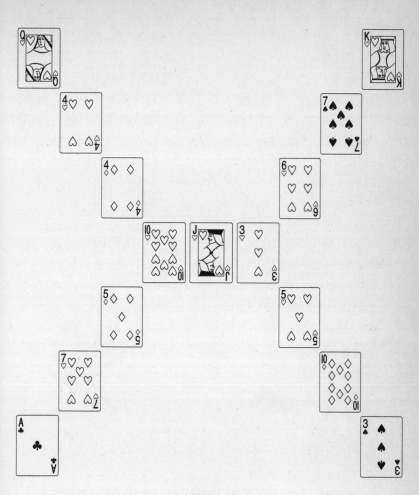

Figura 3
La lectura de Judelle.

despreocupada, alegre y emotiva —cualidades que ella posee a plenitud—. Sin embargo, estas cualidades también están presentes en su madre. Judelle pensaba que su progenitora tenía poca influencia en ella, pero la presencia de la reina de corazones aquí, podría indicar que es una fuerza en su vida mayor de lo que creía. El cuatro de corazones indica felicidad al ayudar a los demás. Judelle trabaja como enfermera y ama su oficio. El cuatro de diamantes es una señal de dinero ganado por el trabajo duro y el buen manejo de las finanzas. Es usual que cuando Judelle tiene dinero, es cuidadosamente invertido. Ella no es frugal, pero maneja y cuida bien sus ingresos.

La siguiente hilera se relaciona con factores que están fuera del control de Judelle. Aquí teníamos el siete de corazones, flanqueado por el as de tréboles y el cinco de diamantes. Esta es una interesante selección de cartas, y muestra que bajo la superficie sucede más de lo que Judelle percibe. El as de tréboles indica ambición. Judelle está resuelta a tener éxito en la vida, disfruta fijar metas y trabajar para alcanzarlas. El siete de corazones es una señal de desacuerdo. Tradicionalmente indica una pelea de amantes. El cinco de diamantes da una idea de cuál es el desacuerdo, ya que indica opiniones distintas acerca de dinero. Judelle es ambiciosa y orientada a objetivos, mientras su novio es apacible y acomodadizo. Es fácil ver cómo los problemas financieros podrían afectar su relación.

Ahora veamos el resultado si no se hacen cambios. En esta hilera teníamos el diez de diamantes, flanqueado por el cinco de corazones y el tres de picas. Estas cartas dan una fuerte advertencia. El cinco de corazones es una indicación de un cambio importante, y usualmente marca el fin de una relación. El tres de picas sugiere una forma de comunicación repentina o inesperada. El diez de diamantes muestra que Judelle coloca demasiada atención al lado material. Ella quiere disfrutar junto a su pareja una situación financiera segura en la vida, sin pensar que realmente está amenazando con terminar la relación. Si no hace algo al respecto, el compromiso se acabará de repente, probablemente con malos sentimientos en los dos.

Finalmente, veamos las cartas que representan el futuro que ella y su novio pueden crear. Esta hilera muestra el siete de picas, flanqueado por el seis y el rey de corazones. Este último representa a su novio, y es una fuerte indicación de que la relación puede funcionar, con amor y comprensión por parte de los dos. El individuo simbolizado por el rey de corazones encuentra difícil expresar sus sentimientos más profundos, y Judelle tendrá que esforzarse por motivarlo a que lo haga más libremente. El seis de corazones es una señal de progreso lento pero estable; indica que Judelle debería ser más paciente. Finalmente, el siete de picas indica éxito parcial, pero con el potencial de tenerlo a largo plazo si ella está preparada para trabajar por tal objetivo.

Esta lectura puso sobre aviso a Judelle de problemas que no consideraba, y le permitió hacer los cambios necesarios antes que empezaran las dificultades. Ella y su novio están actualmente comprometidos, y planean casarse en los siguientes doce meses.

¿Ve lo útil que puede ser una lectura de esta clase? Una vez que tenga esta información, estará en una mejor posición para decidir sus acciones. Tendrá el control de su propio destino. Sabrá cuándo avanzar y cuándo detenerse y esperar. Estará prevenido con anticipación de peligros y otros riesgos. También será más consciente de las oportunidades y podrá aprovecharlas. Las cartas pueden convertirse en una valiosa guía para cada área de su vida.

Probablemente verá también por qué no debería tratar de leer sus propias cartas cuando el resultado lo afecte emocionalmente, esté perturbado o tenga un gran estrés. "¿Mis ingresos aumentarán en los siguientes tres meses?", es un tipo de pregunta totalmente distinta a "¿debería divorciarme?". Con preguntas como esta última, definitivamente es mejor que otra persona le lea las cartas.

En el próximo capítulo empezaremos a leer las cartas a otras personas.

seis

CÓMO LEER LAS CARTAS A OTRAS PERSONAS

Es una gran responsabilidad leerle las cartas a otra persona, quien confía en usted para que le ayude a solucionar sus problemas. Obviamente, usted debe ser sensible, honesto, paciente y muy amable. También tiene que respetar sus confidencias y no discutir la lectura con otras personas. Debe desarrollar su intuición actuando según sus presentimientos y sensaciones.

A veces, las cartas dan una vaga impresión o un significado general que se hace claro sólo cuando use su intuición.

Sus consultantes acudirán a usted porque tienen problemas y necesitan ayuda. Su habilidad con las cartas les permitirá ver las dificultades bajo una nueva luz. Sin embargo, nunca le diga al consultante lo que debe hacer. Él o ella deben decidir su correcto curso de acción. Usted puede proveer discernimiento en los problemas que la persona está enfrentando. En el proceso, surgirán planes de acción a tomar. La mayoría de veces el consultante sabrá lo que debería estar haciendo, y habrá acudido a usted para confirmar sus ideas. Las cartas aclararán situaciones y darán la esperanza de una solución.

Como adivino, usted tiene el deber de ser lo más positivo posible. Busque las cosas buenas en las cartas, en lugar de las negativas. Naturalmente, tendrá que explicar lo negativo, pero enfatice lo positivo.

Ejemplo de una lectura

Raymond es un joven de veintiún años que acaba de terminar la universidad y está buscando su primer empleo. Tiene un título en artes liberales y no está seguro a qué tipo de trabajo dirigirse. Él se ha enterado de un puesto de nivel básico en una estación de televisión, y acudió a mí porque no sabía con certeza si debía presentarse a solicitar dicho empleo. Él es un hombre joven apuesto y atlético. Su bronceada cara indicaba que disfruta estar al aire libre. Fue obvio para mí que su carta significadora era la sota de corazones.

Después de poner esta carta en la mesa, le di las otras para que las barajara. Lo hizo minuciosamente mientras formulaba su pregunta.

"¿Debería presentarme para este trabajo?, y si es así, ¿lo conseguiría?". Rió nerviosamente. "¿Puedo preguntar eso?".

Dije que sí con la cabeza. "Seguro; ambas preguntas están relacionadas. Veamos lo que las cartas tienen que decir al respecto".

Raymond observó cuidadosamente mientras yo colocaba las cartas (Figura 4). "Ocho cartas rojas", dijo cuando finalicé.

Lo miré curiosamente. Él no había mencionado tener conocimiento sobre adivinación con cartas. "¿Qué hay con eso?", pregunté.

Raymond lamió sus labios y lució avergonzado. "Mi mamá lee las cartas a veces. No como acá; ella las coloca en línea recta. Si hay más rojas que negras el resultado es bueno".

Afirmé con la cabeza. "Eso es correcto. También significa que el futuro cercano será feliz. ¿Ha notado que nueve de las cartas tienen un valor mayor que siete? Eso significa que estará experimentando algunos cambios".

"¿Son buenos o malos?".

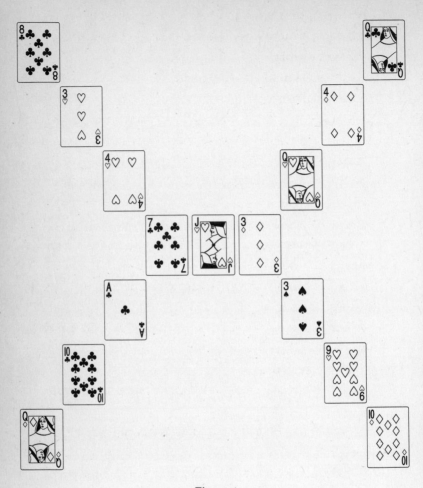

Figura 4
La Lectura de Raymond.

"Ya veremos. Ahora, estas tres cartas en el centro indican el presente. Usted está en medio. El siete de tréboles aquí muestra que es mejor para comenzar cosas que para terminarlas"

Raymond sonrió abiertamente. "Soy un soñador; todos me dicen eso".

Toqué el tres de diamantes. "Esta carta tiene que ver con hablar de dinero. A veces indica contratos y papeles legales".

Raymond movió la cabeza incrédulo. "Siempre estoy hablando de dinero, pero sólo lo hago porque no tengo. Nunca he tenido nada que ver con contratos".

"Si ponemos estas tres cartas juntas, parece como si usted soñara despierto acerca de su necesidad de dinero".

Los ojos de Raymond se ensancharon. "Eso me describe exactamente".

"Veamos lo que hay detrás de usted, el pasado. En el centro está el tres de corazones".

"Amor. Los corazones significan amor".

Afirmé con la cabeza. "Correcto; en este caso se trata de una decepción por amor".

Raymond movió afirmativamente la cabeza. "Si, mi culpa".

"Junto a ella está el ocho de tréboles, una señal de felicidad. Tal vez hubo decepciones en el amor, pero básicamente fue una época feliz, especialmente porque también tiene el cuatro de corazones. Eso indica placer ganado al ayudar a los demás".

Raymond afirmó con la cabeza. "¿Eso incluye animales? Cuando era niño quería trabajar con ellos".

"Sí, la carta enfatiza todos los seres vivos —personas, animales, plantas—. Ahora, esta hilera muestra las cosas que usted no puede cambiar, que están fuera de su control".

Raymond las miró con interés. "Una reina y un as. No puede ser tan malo".

"No es malo en lo absoluto. La carta del medio es el diez de tréboles. Se relaciona con su pregunta; representa nuevos comienzos, pero una renuencia a avanzar. Parte de usted se está aferrando al pasado".

"Disfruté la universidad. Es un tanto traumático dejar eso atrás, especialmente cuando se tiene un título inútil como el mío".

Negué con mi cabeza. "No es inútil, Raymond. Toda la educación es valiosa, y su título le mostrará a un probable empleador que usted puede fijar metas y trabajar con dedicación".

"No con un grado como el mío".

"Si piensa así, ¿por qué trabajó tanto los últimos tres años para conseguirlo?"

Raymond encogió sus hombros. "No sabía lo que quería. Creí que enseñar podría ser una buena carrera para mí, pero ya no pienso lo mismo. El problema es que realmente no sé lo que quiero".

"Hay una mujer fuerte aquí, la reina de diamantes. Ella es apasionada, inteligente y puede vencer completamente a cualquiera".

"Mi madre. Tiene razón, no puedo hacer nada con ella".

"Y finalmente en esta hilera, el as de tréboles. Es una carta muy buena. Muestra que usted tiene esperanzas y sueños. Me dijo que solía soñar despierto, pero esto es mucho más. Si aprende a canalizar esos sueños en direcciones constructivas, recorrerá un camino bastante largo".

La cara de Raymond expresó duda.

"Ahora tenemos dos hileras que representan el futuro. Ésta muestra lo que sucederá si su vida sigue el curso que ahora lleva. La otra hilera muestra lo que ocurrirá si hace ciertos cambios y sigue adelante. Examinemos la hilera que muestra lo que pasará si no hace nada, si no se presenta para este trabajo, digamos. El nueve de corazones en el medio es una carta de gran alegría y felicidad. Sin embargo, es probable que sea afectada por el tres de picas. Esto indica que probablemente usted actuará sin pensar, y de algún modo perturbará la armonía. El diez de diamantes indica aburrimiento. Desea escapar, pero no sabe cómo hacerlo. Se está preparando para entrar al mundo material y piensa en ello todo el tiempo. No obstante, al mismo tiempo, una parte de su ser rechaza esto. Si sigue este camino, estará contento, pero confundido y frustrado".

Raymond rió. "Eso describe la situación ahora mismo".

"No me sorprende. Ahora, veamos lo que pasa si efectivamente se presenta para el trabajo. Tenemos el cuatro de diamantes en el medio, la carta de progreso lento pero estable. Su fortuna aumentará lentamente. Tiene la reina de corazones junto a esto. Esa es la señal de una alegre, despreocupada e intuitiva mujer en su vida. Obviamente, ella tiene algo que ver con su pregunta".

Raymond dijo que sí con la cabeza. "Esa debe ser mi hermana; ella es la única que vio el anuncio en el periódico y quiere que me presente por el empleo".

"Es afortunado de tener una hermana como ella. Finalmente tenemos la reina de tréboles. Usted está rodeado por tres mujeres fuertes. Ésta es amigable y fácil de tratar. Sin embargo, interiormente es astuta, calculadora y buena para los negocios". Miré a Raymond. "¿Alguna idea de quién podría ser?".

Negó con su cabeza.

"Probablemente es su jefe, pues esta mujer tiene un papel importante que jugar en su futuro inmediato".

"¿Conseguiré el empleo?"

Respondí que sí con la cabeza. "Me parece muy probable con estas tres cartas. Sin embargo, sólo ocurrirá si se presenta para este puesto". Indiqué la hilera anterior. "Desde luego, si no solicita este empleo, u otros, su futuro será feliz, pero monótono e incumplido".

La estación de televisión contrató a Raymond como aprendiz. Él me telefoneó para comentármelo.

"Todo resultó cierto, a excepción de esa reina al final", dijo. "Mi jefe es un hombre. Hay muchas mujeres aquí, pero tengo poco que ver con ellas".

Dos semanas después, me llamó para decirme que su jefe había sido ascendido, y ahora estaba trabajando para una mujer que se ajustaba a la reina de tréboles.

El anterior ejemplo muestra cómo las lecturas generalmente toman la forma de una conversación. Por supuesto, las personas varían enormemente. He hecho muchas lecturas en las que el consultante habla más que yo. También he hecho otras donde el consultante no dice una sola palabra. Personalmente trato de oponerme a esto. La lectura no está destinada a ser una exposición de las habilidades psíquicas del lector, sino a clarificar los problemas de la persona y proveer posibles respuestas a preguntas inquietantes.

OTRA LECTURA

Mientras trabajaba en este libro, una señora de mediana edad me solicitó una lectura. Virginia era una conocida de un amigo que me había pedido que hiciera la lectura porque ella atravesaba una mala época. Virginia nunca había tenido una lectura, y estaba visiblemente nerviosa. Estaba vestida totalmente de negro y evitaba hacer contacto visual conmigo. Parecía ser una viuda y supuse que tenía alrededor de cincuenta años.

Seleccioné la reina de tréboles como su carta signifi-cadora, y luego le pasé las cartas para que las barajara.

"Mientras las baraja, piense en una pregunta que le gustaría que fuera respondida", le dije. "Sería útil que me dijera cuál es la pregunta, pero no tiene que hacerlo si no lo desea".

Virginia barajó las cartas con tanta destreza, que le pregunté si solía jugar con ellas. La señora sonrió un po-co y dijo "sí". Una carta casi se cae de la baraja cuando ella terminó de barajar, pero la agarró y metió de nuevo.

Cogí las cartas y coloqué las primeras dos a los lados de la reina de tréboles. Fueron el tres de corazones y el comodín (Figura 5).

"Estas cartas indican el presente", le dije. "La reina en el medio la simboliza a usted, por supuesto. El tres de co-razones tiene que ver con decepciones de algún tipo, usualmente relacionadas con el amor. El comodín es in-teresante, pues muestra que usted está siguiendo su ca-mino en la vida. Esto la hace poco convencional, incluso misteriosa. Probablemente está en un camino más espiri-tual ahora".

Miré a Virginia mientras le hablaba. Ella no hizo co-mentarios sobre lo que dije, pero preguntó, "¿quiere sa-ber mi pregunta?"

"Sólo si quiere decírmela".

"¡Está bien!". Virginia cruzó los brazos y frunció los labios. Se recostó en su silla. Pude ver que esta lectura no iba a ser fácil.

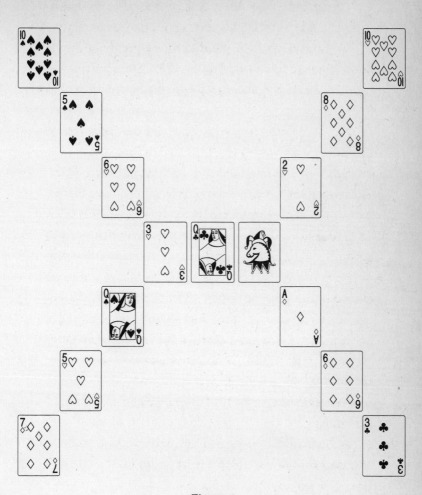

Figura 5
La Lectura de Virginia.

Rápidamente coloqué las otras cartas, diciéndole a Virginia cuál área de la vida indicaba cada grupo.

Una vez que las cartas habían sido colocadas, miré el despliegue para ver qué pistas podían darme. Había nueve cartas rojas y cinco negras. Este era un comienzo positivo. Aparte del comodín, que siempre indica una lectura interesante, ninguna de las cartas proveía información inmediata.

"Bien, hizo una selección de cartas interesante", le dije. "Hemos visto el presente. Examinemos estas tres cartas primero; indican el pasado. En el centro está el cinco de picas. Tradicionalmente, ésta es la carta de las lágrimas, así que usted obviamente ha atravesado un tiempo difícil. Junto a ella está el diez de picas, que indica un bloqueo de algún tipo. Significa que usted ha llegado a un callejón sin salida. Probablemente ha tenido una reevaluación importante de alguna clase. La otra carta es el seis de corazones, que es más positiva, ya que indica un mejoramiento gradual de sus circunstancias, aunque también sugiere que se necesita mucha paciencia. Las dos picas y el corazón tienden a indicar que los problemas en el pasado se relacionan con el amor".

Virginia no dio señales de haber oído lo que dije; estaba mirando las cartas con curiosidad.

"Este grupo representa cosas que usted no puede cambiar. Las tres cartas son el cinco de corazones, flanqueado por el siete de diamantes y la reina de picas. El cinco de corazones siempre se asocia con un cambio importante, y, por ser corazón, probablemente tiene que ver con una relación. Significa que lo que fuera llegaría a un final. También había mucha confusión, indicada por el siete de diamantes. Por un tiempo, su vida estuvo en un punto muerto, y usted no podía hacer algo al respecto. La reina de picas simboliza una mujer fuerte, posiblemente alguien a quien podría acudir por consejos".

"Madre". La palabra fue dicha tan suavemente, que casi no la oigo. Virginia continuó mirando fijamente las cartas.

"Ahora llegamos a los dos grupos que representan el futuro". Este, dije, indicando la hilera derecha descendente, "es su futuro, si sigue su vida exactamente como es ahora. La otra hilera muestra lo que ocurrirá si hace cambios importantes. Primero veamos el resultado si continúa el camino que lleva. Tenemos el seis de diamantes, con el as de diamantes y el tres de tréboles. Esta es una combinación interesante. El seis de diamantes muestra que usted disfrutará una agradable vida hogareña, con gran seguridad familiar. El as de diamantes es una señal de ingreso de dinero, que tiende a reforzar los aspectos financieros del seis de diamantes. Sin embargo, el tres de tréboles indica una molestia que se complicará, a menos que haga algo para eliminarla. Esto probablemente tiene que ver con el perdón".

Me di cuenta que Virginia ya no estaba observando las cartas y comenzaba a mirarme fijamente. Cuando encontré su mirada, dirigió de nuevo su atención a las cartas.

"¿Qué hay del futuro si hago cambios?", preguntó.

"Eso es mucho más positivo", respondí. "Las cartas son rojas —el ocho de diamantes, flanqueado por el dos y el diez de corazones—. El ocho de diamantes es una indicación de éxito financiero, y también le da un enfoque equilibrado de la vida. Es una carta muy positiva, especialmente cuando aparece acompañada por dos corazones, que son la señal de una relación tranquila que crece y se edifica. Disfrutarán juntos tiempos felices. El diez de corazones sugiere buenas noticias. Será algo inesperado, aunque de algún modo instigado por usted". Toqué las últimas tres cartas. "Si está preparada para hacer algunos cambios en su vida, parece que le espera un futuro seguro y feliz".

Virginia movió la cabeza en señal de afirmación y suspiró profundamente.

"Muy bien", dijo. "¿Cuál era mi pregunta?".

Negué con mi cabeza. "Realmente, no importa cuál fue su pregunta, ya que las cartas me dicen todo lo que necesito saber. Sin embargo, mirando este despliegue, diría que obviamente usted ha estado mal emocionalmente. Parece como si una relación importante hubiera terminado, y se está preguntando si hay alguien especial en su futuro. Estas tres cartas finales muestran que lo hay, y que le espera una época de gran felicidad".

Virginia afirmó de nuevo con la cabeza, sonrió un poco y se paró. "Interesante", dijo. "Muy interesante".

Salió sin decir más palabras. Yo estaba un tanto molesto, ya que no me gusta hacer lecturas en las que no hay aporte de información por parte de la otra persona. Siempre pienso, equivocado o no, que estos consultantes son escépticos respecto a la lectura de cartas, y simplemente me están probando. Además, como había hecho esta lectura sólo como un favor para un amigo, esperaba un poco de agradecimiento. Por consiguiente, me sentí un poco molesto, guardé las cartas y seguí con mi día.

Horas después, mi amigo telefoneó y me comentó cuán emocionada había estado Virginia con la lectura. Ella quería saber si se casaría de nuevo, y yo le había respondido la pregunta perfectamente. Fue bueno enterarme de esta reacción, pero no podía dejar de sentir que ella habría recibido una lectura mucho mejor si hubiera permitido entablar una conversación, en lugar de yo hacer un monólogo.

Frecuentemente, sus consultantes no querrán o necesitarán una lectura completa. En los siguientes dos capítulos, veremos algunos despliegues que pueden ser hechos rápida y fácilmente. Ellos no proveen la cantidad de detalles que muestra el despliegue que ya vimos, pero tiene la ventaja de dar respuestas inmediatas.

siete

AMOR Y ROMANCE

Su popularidad aumentará tan pronto como la gente descubra que usted puede leer las cartas. Sus amigos solicitarán lecturas para toda clase de propósitos, pero las preguntas más frecuentes tendrán que ver con el amor. Esto no es sorprendente, ya que todos queremos amar y ser amados. Si estamos solos, lo más probable es que estemos buscando esa pareja perfecta. Si hemos conocido a alguien, queremos saber si la relación crecerá y será permanente. Incluso en una relación, deseamos confirmar si durará y seguirá siendo feliz.

Las lecturas de las cartas pueden decirnos si las relaciones venideras serán buenas o malas, y prevenirnos con anticipación de personas que no son lo que parecen ser. También pueden ayudarnos a reconocer buenas cualidades en la gente, que tal vez hemos pasado por alto. Naturalmente, todos queremos enterarnos de que habrá felicidad en el futuro, pero las lecturas son igual de valiosas cuando nos advierten de relaciones difíciles antes de que nos involucremos profundamente.

Usted puede usar el despliegue que ya hemos visto para responder preguntas relacionadas con amor y romance. También hay despliegues especiales que han sido creados únicamente para este propósito.

LUCKY THREE (LA MAGIA DEL TRES)

El nueve de corazones siempre se ha considerado una carta de buena suerte. A menudo es llamada la "carta del deseo". La usaremos, junto a la carta que lo representa a usted, para determinar su vida sentimental en el futuro cercano. (Para refrescar su memoria, el palo de picas simboliza personas de cabello y ojos oscuros. Una mujer escogería la reina de picas, y un hombre al rey. Una persona joven de cualquier sexo elegiría la sota. El palo de tréboles simboliza personas de cabello castaño y ojos cafés. El palo de corazones representa personas de cabello castaño y ojos grises o azules. El palo de diamantes simboliza personas de cabello rubio o rojo).

Baraje bien las cartas y póngalas en la mesa. Tome cerca de la tercera parte de ellas y póngalas en la mesa a la izquierda del montón. Tome aproximadamente la mitad de las cartas restantes de la baraja y colóquelas al lado derecho. Esto crea tres montones, cada uno con cerca de un tercio de la baraja.

Tome las cartas del montón izquierdo y mírelas. Si el nueve de corazones y la carta que lo simboliza están en él, encontrará su pareja en el futuro cercano.

Si estas dos cartas no están en el primer montón, examine el segundo. Si están en éste, encontrará su ser amado en los siguientes doce meses.

Si el nueve de corazones y la carta que lo representa a usted se encuentran en el último montón, es una señal de que su pareja aún se encuentra lejos, y pasará más de un año para que los dos se conozcan.

Es posible que las cartas no estén en el mismo montón. Si se encuentran en grupos seguidos, hallará a su ser amado, pero tomará más tiempo del que le gustaría. Si las dos cartas están en el primer y tercer montón, tendrá varias relaciones antes de encontrar la persona apropiada para usted.

Hace varios años, demostré esta técnica en una fiesta. Una de las invitadas era muy escéptica respecto a la adivinación con cartas, y rechazó el ofrecimiento de hacerle una lectura. Dos años después, me telefoneó para decirme que el método "lucky three" funcionaba. Tan pronto como llegó a casa luego de la fiesta, hizo este ejercicio y encontró ambas cartas en el segundo montón. Ella había olvidado lo sucedido, hasta que conoció el hombre de sus sueños nueve meses después.

CONSEJOS DE LOS REYES

Las mujeres han estado buscando consejos de un rey sobre asuntos del corazón durante cientos de años. Además de una baraja de cartas, necesitará dos dados.

Baraje bien las cartas. Tómelas boca arriba y coloque una a la vez en un montón sobre la mesa hasta que aparezca el primer rey. Ponga este rey en la mesa, y continúe colocando cartas hasta que surja el segundo rey. Éste es ubicado a la derecha del primero. El tercero es puesto debajo del primero, y el cuarto es ubicado a su derecha, creando un cuadrado de cuatro reyes. Las demás cartas son guardadas.

Revuelva los dados y tírelos sobre la mesa. El dado que caiga con el número mayor será el utilizado para el resto del procedimiento. Si ambos caen con el mismo número, son lanzados de nuevo. Si otra vez producen dos números iguales, es una señal de que las cartas no quieren responder preguntas por el momento, y tendrá que intentarlo el día siguiente.

Asumiremos que uno de los dados tuvo un número mayor que el otro. Béselo suavemente para desearle suerte. El dado es ahora sostenido aproximadamente a un pie por encima de los cuatro reyes, y luego se deja caer, quedando sobre un rey, el cual proveerá la respuesta.

Si el dado muestra un número impar, se deja caer de nuevo. También debe hacerlo otra vez si rueda y no queda sobre ninguno de los reyes. Deberá seguir intentando hasta que el dado descanse sobre un rey mostrando un dos, cuatro o seis.

Luego la respuesta es interpretada (vea esto a continuación). Después de recibir una respuesta, no deberá buscar el consejo de los cuatro reyes por lo menos en un mes.

Rey de Picas

Si el dado queda en esta carta con el número dos, no debe poner atención a la adulación de un hombre alto de cabello rubio.

Si queda en esta carta con un cuatro, puede esperar una interesante propuesta de un viejo amigo.

Si queda en esta carta con un seis, usted estará tentada a tener una relación que causará dolor.

Rey de Diamantes

Si el dado queda en esta carta mostrando el número dos, debe ser muy cuidadosa. Es probable que las relaciones resulten difíciles en el futuro cercano.

Si el dado queda en esta carta con un cuatro, puede esperar un pretendiente rico. Él será considerado, amable y cariñoso, pero incapaz de expresar sus sentimientos más profundos.

Si el dado queda en esta carta con un seis, tendrá que escoger entre dos hombres. Será difícil tomar la decisión.

Rey de Corazones

Si el dado queda en esta carta con el número dos, es señal de un romance corto con un hombre moreno.

Si el dado queda en esta carta con un cuatro, disfrutará buenos momentos con un hombre divertido, hasta que le descubra su lado oscuro.

Si el dado queda en esta carta con un seis, pronto encontrará un hombre joven encantador, afectuoso y muy divertido.

Rey de Tréboles

Si el dado queda en esta carta mostrando el número dos, estará tentada a casarse con un hombre joven que parece tener buenas perspectivas. Piense cuidadosamente, ya que es probable que sea una mala decisión.

Si el dado queda en esta carta con un cuatro, pondrá su fe y confianza en un hombre joven que no lo merece.

Si el dado queda en esta carta con un seis, pronto conocerá un hombre joven que tiene mucho más potencial del que usted cree.

Consejos de las reinas

Si una mujer puede recibir consejos de los reyes, un hombre puede recibirlos de las reinas de la misma forma. Las cartas son barajadas y las cuatro reinas seleccionadas. Luego es escogido un dado, y después de ser besado, se deja caer sobre las reinas. La única diferencia es que un hombre interpreta el dado cuando queda mostrando un número impar.

Reina de Picas

Si el dado queda en esta carta mostrando el número uno, conocerá a una mujer rubia que le traerá felicidad.

Si el dado queda en esta carta con un tres, tendrá una decepción con una mujer de cabello negro.

Si el dado queda en esta carta con un cinco, le será difícil librarse de una relación inapropiada.

Reina de Diamantes

Si el dado queda en esta carta mostrando el número uno, recibirá el afecto de alguien que no le atrae.

Si el dado queda en esta carta con un tres, estará involucrado con una mujer fascinante pero potencialmente peligrosa.

Si el dado queda en esta carta con un cinco, está a punto de conocer a alguien que le traerá gran felicidad.

Reina de Corazones

Si el dado queda en esta carta mostrando el número uno, debe tener cuidado de las maniobras de una mujer de mayor edad que está actuando en su contra.

Si el dado queda en esta carta con un tres, será rechazado por una mujer joven que le interesa.

Si el dado queda en esta carta con un cinco, estará involucrado con una mujer celosa. Esta relación resultará difícil y no durará.

Reina de Tréboles

Si el dado queda en esta carta mostrando el número uno, debe tener cuidado al tratar una mujer de cabello negro que parezca demasiado buena para ser cierto.

Si el dado queda en esta carta con un tres, una mujer de mayor edad lo ayudará y le dará buenos consejos.

Si el dado queda en esta carta con un cinco, conocerá una mujer joven que rápidamente se enamorará de usted.

¿LA PERSONA DE MIS SUEÑOS LLEGARÁ EN LOS SIGUIENTES DOCE MESES?

Una de las cartas es escogida para representar al hombre o la mujer de sus sueños. Las cartas son bien barajadas. Doce son colocadas en una hilera, y luego otras doce son puestas sobre ellas. Esto continúa hasta que todas las cartas hayan sido ubicadas. Cada montón representa uno de los siguientes doce meses.

Comenzando con el primer mes, los montones son volteados para ver qué mes tiene la carta que simboliza la persona especial. Una vez que el mes ha sido determinado, las otras cartas del montón son interpretadas para ver cómo se desarrollará la relación.

Supongamos que usted usó el rey de corazones para simbolizar su futuro amante. Esta carta estaba en el séptimo montón, indicando que lo conocerá en siete meses. Las otras cartas en este montón son el tres de tréboles, el ocho de picas y el diez de corazones. El tres de tréboles es una señal de molestia temporal, indicando que usted puede ser desairado o convertirse en víctima de chismes maliciosos. A pesar de pertenecer a este palo, el ocho de picas es una carta feliz que indica alegría y éxito material. El diez de corazones es una señal de buenas noticias. Esto sugiere que, aunque el encuentro inicial no será muy bueno, usted recibirá noticias positivas que aclararán la situación. La molestia será olvidada, y la relación será agradable y feliz.

SEIS CAMINOS HACIA LA FELICIDAD

Este método supone que usted ya ha encontrado la persona apropiada, y quiere confirmar que la relación continuará edificándose. Es un método popular, ya que involucra un poema y un beso. El poema es el siguiente:

Un montón para mí,
y uno para ti.
Uno para salud,
y el siguiente para riqueza.
Un montón para amigos,
(adiciono un beso a la mezcla),
y un montón para el amor que nunca acaba.

Es importante que la baraja esté completa y tenga el comodín. Escoja una carta que lo represente, y luego otra para simbolizar su pareja. Piense en su relación mientras baraja las cartas, y silenciosamente haga preguntas que desearía que fueran respondidas.

Parta la baraja con la mano izquierda, y luego sosténgala boca abajo. Diga la primera línea del poema en voz alta, y coloque la carta de encima boca abajo sobre la mesa mientras pronuncia la última palabra. Recite la segunda línea, y coloque la siguiente carta a la derecha de la primera mientras dice la palabra final. Repita esto con las siguientes tres líneas, pronunciando las palabras mientras coloca las cartas de manera rítmica. Ninguna carta es colocada cuando recite la sexta línea ("adiciono un beso a la mezcla"). Después de decir esto, bese la carta de encima de la baraja —idealmente con un ademán—, y colóquela sobre la mesa cuando pronuncie la última palabra del poema.

Debe finalizar con seis cartas en fila frente a usted. Repita el poema, colocando las cartas restantes sobre las que ya han sido puestas. Continúe haciendo esto hasta ubicar todas las cartas. Ya que hay cincuenta y tres cartas en la baraja, y seis montones, sólo tendrá cinco cartas para colocar cuando repita el poema la última vez. Por consiguiente, cuando diga "adiciono un beso a la mezcla", bese sus dedos y póngalos suavemente sobre el sexto montón mientras dice la palabra final.

Voltee la carta de encima de cada montón, e interprétela usando el significado de la carta y la línea pertinente del poema. Para propósitos de amor y romance, los montones uno, dos y seis son los más importantes. Si las cartas de encima de cada montón no proveen suficiente información, voltee las que sean necesarias para obtener los detalles que requiere.

Finalmente, examine todas las cartas de los montones uno, dos y seis, para ver si ahí se encuentra la que lo representa a usted y a su ser amado. Si encuentra ambas en estos tres montones, el futuro de los dos juntos está asegurado. Si sólo halla una de las cartas, el futuro se vislumbra bueno, pero la relación necesitará más trabajo. Si ninguna se encuentra en estos tres montones, debe pensar cuidadosamente acerca del futuro de su relación a largo plazo.

He encontrado que este método es muy preciso. Hace muchos años lo utilicé para una pareja comprometida. Los dos parecían estar muy felices, pero ninguna de sus cartas apareció en los montones uno, dos y seis. Esto fue un poco incómodo para mí en ese tiempo, pero sabía lo suficiente para confiar en las cartas, pues eran extraordinariamente proféticas. La pareja contrajo matrimonio, pero se separaron pocos meses después.

En otra ocasión, usé el método para una pareja que tenía problemas en su relación. Las dos cartas aparecieron en el sexto montón, indicando un "amor que nunca acaba". De vez en cuando veo a esta pareja en un centro comercial cerca de mi casa. Siempre andan cogidos de la mano y parecen muy felices.

En el siguiente capítulo, veremos algunos despliegues que pueden ser usados para otros propósitos.

ocho

Otros
Despliegues

Hay muchos tipos de despliegues. Algunos utilizan sólo una carta. El consultante hace una pregunta y luego selecciona al azar una carta para responderla. Otros usan todas las cartas de la baraja y son muy complejos.

Los despliegues presentados en este capítulo no son tan completos como el que usted ya vio en los capítulos 5 y 6. Sin embargo, vale la pena aprenderlos. A veces, podría no tener tiempo para hacer una lectura completa. Tal vez piense que un determinado despliegue será mejor que otro para responder una pregunta específica. Podría simplemente preferir uno más que los otros. Practíquelos todos y vea cuál es el despliegue de su preferencia.

PASADO–PRESENTE–FUTURO

Baraje las cartas mientras piensa en su pregunta. Parta la baraja tres veces. Coloque quince cartas en tres montones de cinco, y deje a un lado el resto de la baraja (Figura 6). Las cartas del montón izquierdo representan el pasado, las del centro revelan el presente, y las del montón derecho indican el futuro.

Voltee las cartas que representan el pasado. Comience interpretando cada una individualmente, y luego vea si puede ordenarlas para crear una historia que se relacione con su pasado. Es más fácil hacer esto si usa una palabra clave para cada carta. Por ejemplo, puede tener el nueve de diamantes, el tres de corazones, el rey de corazones, el as de tréboles y el seis de diamantes. Si transformamos estas cartas en palabras claves, obtenemos: deseos se hacen realidad (9D); decepciones en el amor (3C); un hombre sabio (RC); ambiciones, esperanzas y sueños (AT); y una vida familiar feliz (6D). Estas cartas pueden ser ligadas de diferentes formas, pero parece que la persona viene de un buen hogar (6D), con un padre

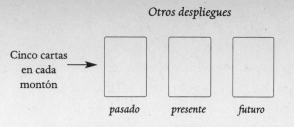

Otros despliegues

Cinco cartas
en cada
montón →

pasado   presente   futuro

Figura 6
Despliegue del pasado-presente-futuro.

bueno y sabio (RC). Aunque han habido decepciones en
el amor (3C), esta persona sigue siendo positiva y ambiciosa (AT), y cree que sus sueños se harán realidad (9D).

Las cartas para el presente luego son volteadas e interpretadas de la misma forma. Finalmente, se repite el
procedimiento con las cartas que indican el futuro.

Si las cartas no proveen suficiente información, otras
quince pueden ser agregadas a los tres montones. Éstas
muestran sus motivaciones subconscientes, y pueden ser
muy reveladoras. Un gran número de picas, por ejemplo,
indican trastornos internos, aunque exteriormente la
persona se vea calmada y serena.

LECTURA DE LA FECHA DE NACIMIENTO

Este método es llamado de esta forma porque usa dicha fecha para localizar tres cartas que luego son interpretadas (Figura 7). Baraje las cartas lentamente, mientras piensa en una pregunta que desearía que fuera respondida. Cuando considere que ya han sido barajadas

157

mes de   *día de*   *año de*
nacimiento   *nacimiento*   *nacimiento*

Figura 7
Despliegue de la fecha de nacimiento.

lo suficiente, coloque un montón boca abajo que se relacione con su mes de nacimiento. Si nació en enero, ponga sólo una carta, ya que es el primer mes del año. Debe colocar tres cartas para marzo, nueve para septiembre, y así sucesivamente.

A la derecha de este montón coloque otro que se relacione con su día de nacimiento. Si nació el tercer día del mes, debe colocar tres cartas. Si nació el día veintiocho, ponga este mismo número de cartas.

Finalmente, coloque otro montón que se relacione con su año de nacimiento. Primero debe transformar este año en un solo dígito. Yo nací en 1946; por consiguiente, tengo que sumar 1 + 9 + 4 + 6, que da un total de 20. Luego debería sumar 2 + 0 para obtener un solo dígito. Por tal razón coloco dos cartas en el último montón.

Veamos otro ejemplo. Supongamos que usted nació en 1979. 1 + 9 + 7 + 9 = 26, y 2 + 6 = 8. Colocaría ocho cartas en el último grupo. Si nació en 1984, pondría cuatro, y si lo hizo en 1963, debería colocar sólo una.

Ahora debe voltear la carta de encima de cada montón para interpretarla. Las tres se relacionan con los siguientes meses. No es correcto asumir que la carta del montón izquierdo indica el primer mes, la del centro el segundo y la del montón derecho el tercero. Las tres cartas están relacionadas con los tres meses.

Es interesante observar que toda fecha de nacimiento puede ser abarcada por las 52 cartas de la baraja. Alguien nacido el 31 de diciembre de 1989, tendría 12 cartas en el primer montón, 31 en el segundo, y nueve en el tercero. Esto da un total de 52, y es el número más alto posible al que se llega con este método de lectura.

LECTURA DEL CUMPLEAÑOS

Esta lectura puede ser hecha sólo una vez al año, en el día del cumpleaños. El método es exactamente igual al de la fecha de nacimiento, pero en lugar de usar su año de nacimiento para el tercer grupo de cartas, debe utilizar el año en curso (Figura 8). Para el 2003, colocaría cinco cartas en el último montón.

Las tres cartas le darán tendencias generales para los siguientes doce meses. Por consiguiente, puede continuar con la lectura de la fecha de nacimiento, para obtener más información acerca de los próximos tres meses.

| mes de nacimiento | día de nacimiento | año en curso |

Figura 8
Despliegue del cumpleaños.

DESPLIEGUE GITANO

Aprendí este particular despliegue cuando vivía en Cornwall, Inglaterra, a finales de los años sesenta, y lo he encontrado útil para hacer lecturas rápidas. Puede ser usado para darle una rápida ojeada al pasado, presente y futuro. También puede emplearse para responder preguntas específicas.

Las cartas son bien barajadas y puestas en la mesa. Cerca de la mitad de la baraja es partida y colocada en la mesa encima de las cartas restantes. Esto crea dos montones de cartas. Luego, el montón superior es partido de nuevo, y estas cartas se ubican a la izquierda de los dos montones. Las cartas del montón inferior también son divididas por la mitad, y se ubican a la derecha, creando cuatro grupos de cartas, cada uno con aproximadamente un cuarto de la baraja (Figura 9). El montón izquierdo representa el pasado. Hay dos montones en el centro; el de abajo representa la situación actual, y

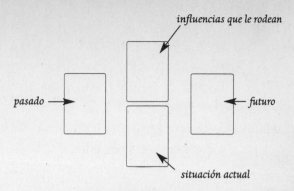

Figura 9
Despliegue gitano.

el de arriba las influencias que en el presente lo rodean. El montón derecho representa el futuro.

El ritual aún no está completo. Tome el montón de la izquierda (el pasado), y coloque boca abajo las tres cartas superiores, en la posición que tenía el montón del pasado. Coloque la siguiente carta sobre el grupo de las influencias que lo rodean, y continúe con los otros dos montones (futuro y situación actual). Luego ponga las cartas que queden en su mano sobre las tres que colocó inicialmente. Lo mismo debe hacerse con el montón que representa las influencias que lo rodean actualmente: tres cartas son colocadas juntas, y las tres siguientes son puestas sobre los otros tres montones. Esto se repite dos veces más, primero con el grupo que representa el futuro, seguido por el que representa el presente.

Finalmente, la carta superior de cada montón es volteada e interpretada. Para una lectura rápida, estas cuatro cartas son todo lo que se requiere. Sin embargo, si es necesario, las siguientes dos cartas de cada grupo también pueden ser interpretadas.

Frecuentemente me preguntan por qué se colocan tres cartas en la base del montón, y las tres siguientes sobre los otros montones. Hice la misma pregunta varias veces y nunca recibí una respuesta satisfactoria. Me decían que era "tradición", o que siempre se había hecho de esa forma. La respuesta probablemente está relacionada con el hecho de que en todo el mundo el número tres siempre ha sido ligado a la divinidad. La trinidad. La Trinidad cristiana del Padre, Hijo y Espíritu Santo, es un obvio ejemplo. Otros ejemplos son la Trinidad hindú de Brahma, Visnú y Siva (Creador, Preservador, Destructor), y Osiris, Isis y Horus en la tradición egipcia. En Wicca, los tres grandes misterios son el nacimiento, la vida y la muerte. Los cristianos tienen las tres virtudes de fe, esperanza y caridad. En el folklore anglosajón, la expresión "third-time lucky" (la tercera vez de suerte) es muy antigua, y muestra el poderoso efecto simbólico que este número continúa teniendo sobre nosotros. También existe la posibilidad de que en tiempos antiguos, a los vivos se referían como "tres veces bendecidos". (Los muertos eran conocidos como "cuatro veces bendecidos").

La cruz mística

Hay muchas versiones de la cruz mística, y cada una usa un diferente número de cartas. Este método de adivinación es muy popular en Europa, donde lo vi por primera vez. La versión que aprendí utiliza trece cartas.

Comience barajando bien las cartas, y luego coloque siete de ellas boca abajo en una hilera horizontal frente a usted. La carta de en medio de esta hilera también será la carta central de la hilera vertical, que se forma colocando tres cartas encima de ella y tres debajo. (En algunas versiones de este despliegue, la carta del centro es la significadora del consultante).

Esto nos forma una cruz mística que consta de trece cartas boca abajo. Voltee primero la carta central, luego todas las de la hilera vertical, y finalmente las de la hilera horizontal.

Las cartas de la hilera vertical representan la situación actual y las influencias que rodean al consultante. Son leídas primero, de arriba a abajo. Las de la hilera horizontal modifican la lectura de las cartas de la otra hilera. También dan un sentido de tiempo a la lectura. Las que están a la izquierda de la carta central generalmente se relacionan con el pasado, mientras las del lado derecho indican sucesos inesperados en el futuro.

Recientemente usé este despliegue para ayudar a una mujer mayor que quería visitar a su hermana enferma que se encontraba en el extranjero, pero estaba insegura

Figura 10
Despliegue de la cruz mística.

respecto a hacer o no el viaje. El despliegue que crea-
mos es mostrado en la figura 10.

Lo primero que observé fueron los tres nueves en la
hilera vertical. Esta es una señal de felicidad y realización, y usualmente es inesperada. Ya que esta felicidad
es el resultado de un cambio de actitud, parece que mi
cliente, o alguien cercano a ella, estará cambiando de
parecer respecto a algo. El nueve de tréboles indica que
la consultante está buscando un nuevo desafío. Sin embargo, el tres de tréboles muestra que podría experimentar alguna molestia temporal. El seis de diamantes
sugiere que mi cliente disfrutaba una feliz vida hogareña, y posiblemente no estaba segura de marcharse, incluso para visitar una hermana enferma.

El cuatro de corazones en el centro, muestra que la
consultante tendrá satisfacción y placer al ayudar a su
hermana. El rey de corazones simboliza un hombre
fuerte en la vida de ella. Creía que mi cliente era viuda,
y le pregunté por este hombre.

"Ese es mi hermano Tom", respondió. "Tiene mala
salud, así que no puedo viajar. Está presionándome para que haga el viaje".

El nueve de diamantes es una carta positiva siempre
que los deseos del consultante valgan la pena. Este es obviamente el caso de esta lectura. La carta final de la fila
vertical fue el nueve de picas, que usualmente no es una
carta positiva. Sin embargo, indica un cambio inesperado.
Después de mirar esas cartas, tuve la seguridad de que mi

consultante haría el viaje, pero probablemente sería una decisión impulsiva. No obstante, una vez que se decidiera y emprendiera el viaje, recibiría gran alegría y satisfacción por visitar y ayudar a su hermana.

La hilera horizontal tenía la tendencia a apoyar esto. El diez de corazones es una señal de buenas noticias. Al lado izquierdo de la hilera, esto probablemente se relaciona con el pasado. La consultante me dijo que su hermana había sobrevivido a una operación que usualmente era mortal. El cuatro y el cinco de tréboles eran interesantes. El cuatro mostraba que el consultante recibiría ayuda de otras personas, pero el cinco indicaba una disputa. Resultó que ambas estaban relacionadas con su hermano, quien deseaba que ella hiciera el viaje, pero también la quería cerca para que atendiera sus necesidades.

El as de corazones estaba en el futuro cercano y prometía felicidad y momentos agradables con la familia y amigos. Indicaba que el viaje no estaba lejano. El seis de tréboles mostraba que la consultante tendría nuevos amigos, y también estaría más relajada y acomodadiza. La carta final era el diez de diamantes, el cual sugería que ella estaba poniendo demasiada atención al lado material de la vida. Ella confesó que desesperadamente quería hacer el viaje, pero estaba preocupada de cuánto le costaría.

En parte debido al resultado de esta lectura, Beverly hizo el viaje. Resultó muy loable y satisfactorio. Pudo ayudar a su hermana a recuperarse de la enfermedad, y en el proceso se unieron más que nunca antes.

No tengo la forma de saber si Beverly habría hecho el viaje sin consultarme. Sin embargo, la lectura, que tomó menos de diez minutos, le permitió observar todos los lados de la situación antes de decidirse.

SÍ O NO

Las personas a menudo quieren pensar en algo deseado cuando ven que las cartas están siendo leídas. Esta es una forma rápida y fácil de saber si los deseos de alguien se hacen realidad.

La persona debe pensar en un deseo mientras lentamente baraja las cartas. Luego éstas son puestas boca arriba una a la vez. Sólo hay dos a considerar: el nueve de corazones (la carta del deseo) y el diez de picas (la carta de decepción). Si la carta del deseo aparece primero, lo que la persona quiere se hará realidad. Desafortunadamente, pasa lo contrario si la primera es la carta de decepción.

Si el diez de picas aparece primero, la persona puede pensar en otro deseo (siempre y cuando sea algo completamente distinto) e intentarlo de nuevo.

EL SÁNDWICH

Mentalmente escoja una carta significadora que lo represente: una sota si tiene menos de veinticinco años y un rey o reina si es mayor. Piense en su pregunta mientras lenta y metódicamente baraja las cartas. Cuando considere que han sido barajadas lo suficiente, despliegue las cartas entre sus manos hasta que encuentre la significadora. Observe las que están a cada lado de ella e interprételas. Ocasionalmente, la carta significadora estará al comienzo o al final de la baraja. En este caso, la segunda carta a ser interpretada estará al otro extremo de la baraja. También puede partir la baraja y desplegar otra vez las cartas.

Uno–dos–tres–cuatro–cinco

Este método es similar al del sándwich, pero usa hasta cinco cartas. Escoja la carta significadora que lo representa, y luego baraje bien mientras piensa en su pregunta. Deje de barajar cuando sienta que es el momento apropiado. Tome la baraja boca abajo, y coloque las cartas boca arriba en pares. (En otras palabras, voltee dos cartas a la vez). Pare de hacer esto cuando aparezca su carta significadora. Interprete la que forma el par con ella. Deténgase aquí si la carta responde satisfactoriamente su pregunta. Si no es así, voltee la siguiente carta y adiciónela a su interpretación. Puede voltear hasta cinco cartas si es necesario.

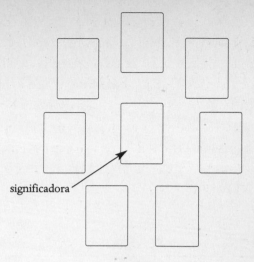

significadora

Figura 11
Despliegue una vez a la semana.

UNA VEZ A LA SEMANA

Este es un método útil para ver cómo serán los siguientes siete días. Ponga la carta significadora del consultante sobre la mesa. Dígale que baraje las cartas mientras piensa en la semana venidera. Tómelas de nuevo y coloque siete en un círculo alrededor de la significadora (Figura 11). Siga colocando hasta que cada uno de los siete grupos tenga tres cartas.

El primer montón colocado se relaciona con el día de mañana. Tome las tres cartas e interprételas. El segundo se relaciona con pasado mañana, y así sucesivamente.

Una señora que usaba este método regularmente, le decía a sus consultantes que pensaran en un deseo mientras barajaban las cartas. Si la carta del deseo (nueve de corazones) aparecía en uno de los siete montones, era una señal de que el deseo sería concedido.

LA PIRÁMIDE DE EGIPTO

La pirámide de Egipto es usada principalmente para obtener información acerca del mes siguiente. El consultante baraja las cartas mientras piensa en lo que le gustaría que sucediera en las siguientes cuatro o cinco semanas. Luego la persona parte la baraja y se la entrega a usted.

Después debe hacer una pirámide de siete hileras de cartas boca abajo (Figura 12). La primera hilera tiene una carta, la segunda dos, la tercera tres, y así sucesivamente hasta que hayan sido colocadas siete filas para crear una pirámide. Una vez hecho, tome la última carta colocada en cada hilera, comenzando con la carta a la derecha de la hilera inferior. Esto le da siete cartas, que son volteadas e interpretadas. Las otras no son tenidas en cuenta.

Experimente con estos despliegues diferentes. También podría crear sus propios despliegues originales. Todo esto es parte de la alegría que se asocia a la lectura de cartas. Es útil tener diferentes despliegues a disposición.

Figura 12
Despliegue de la pirámide de Egipto.

Frecuentemente, comienzo con el propósito de usar un determinado despliegue, pero cambio de parecer a última hora. He aprendido que es bueno seguir estos sentimientos, e invariablemente hago una mejor lectura.

CONCLUSIÓN

Ahora tiene el conocimiento necesario con el cual podrá leer las cartas para usted mismo y otras personas. Practique el mayor tiempo posible. Encontrará voluntarios en dondequiera que se encuentre. Al igual que todo lo demás, sus habilidades se desarrollarán entre más las ejercite.

Sea consciente de que no es perfecto y cometerá errores; todo el mundo los comete. Si está preparado para aprender de ellos, ocurrirán con menor frecuencia a medida que gane experiencia. Pídales a las personas que interactúen en las lecturas que les hace. Lleve un registro de las lecturas realizadas. Analizándolas, obtendrá valiosa información que puede usar en futuras sesiones.

Recuerde a sus consultantes que ellos son los responsables de su destino. Usted no puede tomar decisiones por los demás. Puede guiarlos, dar consejos y escuchar. Puede decirles lo que indican las cartas. Sin embargo, ellos tienen que tomar sus propias decisiones.

Debe ser honesto, discreto y comprensivo. También necesita estar consciente psíquicamente. Use su intuición junto con lo que las cartas dicen. Se asombrará de los resultados cuando deje fluir su intuición.

Sea amable con sus consultantes. Enfóquese en lo positivo. Haga las lecturas seriamente, pero diviértase en el proceso.

La adivinación ha sido practicada durante miles de años. Aprendiendo a leer las cartas, estará entrando a una tradición que ha pasado la prueba del tiempo y ayudado a innumerables personas a través de las épocas. Le deseo un gran éxito.

Interpretación de los sueños usando las cartas

Los sueños siempre han fascinado al ser humano a lo largo de la historia. Hay numerosos ejemplos de cómo han cambiado la vida de la gente e incluso el curso de la historia. Los sueños de José, registrados en el libro de Génesis, entran en esta categoría. Sin embargo, hay una gran cantidad de ejemplos. Se dice que Aníbal soñó con una victoria militar. El rey Ricardo III tuvo pesadillas proféticas que predijeron su muerte en la batalla de Bosworth. (Shakespeare hizo buen uso de este hecho en su obra *Richard III*). Napoleón soñó su derrota en la batalla de Waterloo. Abraham Lincoln soñó su muerte días antes de ser asesinado. El obispo Joseph Lanyi soñó el asesinato de su amigo, el archiduque Ferdinand, un acontecimiento que condujo a la I Guerra Mundial. El obispo registró su sueño y trató de advertir al archiduque, pero era demasiado tarde.[1]

Mucha creatividad puede ser atribuida directamente a los sueños. Samuel Taylor Coleridge escribió su famoso poema *Kubla Khan* después de despertar de un sueño inducido por opio. Escribió cincuenta y cuatro líneas sin esfuerzo, pero luego fue interrumpido. Cuando retornó a su poema, no surgieron más palabras. Robert Louis Stevenson afirmó que gran parte de su trabajo fue creado con base en sueños. *The Strange Case of Dr. Jekyll and Mr. Hyde* es su más famoso ejemplo.

En el libro de Job, está dicho cómo Dios nos habla en nuestros sueños: "Sin embargo, en una o en dos maneras habla Dios; pero el hombre no entiende. Por sueño, en visión nocturna, cuando el sueño cae sobre los hombres, cuando se adormecen sobre el lecho; entonces revela al oído de los hombres, y les señala su consejo" (Job 33:14–16).

Todos soñamos, y hay muchos libros disponibles que nos pueden ayudar a interpretarlos. Sin embargo, es frustrante despertar en la mañana sin poder recordar lo que soñamos. Afortunadamente, hay tres métodos que pueden ayudarnos a recordar el mensaje o la esencia de nuestros sueños. Los tres involucran cartas.

GUIADO POR LAS CARTAS

Este método es similar a una meditación, y está destinado para permitir que el recuerdo completo del sueño regrese a usted. Piense en su deseo de recordar el sueño mientras despreocupadamente mezcla una baraja. Cuando sienta que es el momento apropiado, coloque frente a usted cinco hileras de cinco cartas boca abajo. Deje a un lado las restantes, ya que no serán usadas.

Pase su mano izquierda, si es diestro, sobre las cinco hileras y permita que sus dedos toquen una carta. (Si es zurdo, use la mano derecha). Voltéela y mírela de manera despreocupada. Piense en la interpretación de esta carta, y vea si trae algún recuerdo de su sueño.

Si voltea el dos de tréboles, por ejemplo, usted pensaría en el significado estándar de esta carta, y cómo indica una invitación que abre el camino a nuevas oportunidades. Luego haría una pausa y vería si este pensamiento fue reconocido por su mente subconsciente. Si es así, los recuerdos de su sueño retornarán inmediatamente a su mente consciente.

No obstante, si esto no ocurre, debe pasar su mano sobre las cartas nuevamente, permitiendo que los dedos seleccionen las cartas necesarias hasta que una de ellas produzca una respuesta.

La mayoría de veces, recordará su sueño antes de haber volteado una docena de cartas. Sin embargo, es posible pasar por las veinticinco cartas y no recibir respuesta de ninguna. Esta es una señal de que es mejor para usted no recordar el sueño en este momento. Esto puede ser decepcionante, pero muestra que su mente subconsciente está cuidándolo veinticuatro horas al día. Si fuera beneficioso para usted recordar el sueño, su mente subconsciente permitiría que esto ocurriera.

MÉTODO DE LA MEDITACIÓN

La meditación es una maravillosa forma de averiguar cosas acerca del mundo y de usted mismo. Hay muchas maneras de meditar, y probablemente conoce personas que lo hacen mientras miran cartas del tarot. Las cartas de juego comunes pueden ser usadas exactamente de la misma forma. Todo lo que necesita hacer es sentarse, escoger una carta al azar, y luego verla tranquilamente. Piense en su significado. Mire la ubicación de los índices y los puntos, y vea lo que llega a su mente consciente mientras examina la carta de manera despreocupada. Hacer esto regularmente, le dará un mayor conocimiento de los significados de cada carta, para hacer lecturas más precisas y profundas.

Vamos a usar el método de la meditación para ayudar a recuperar sueños perdidos. Comience sentándose tranquilamente en un lugar donde no sea interrumpido. Baraje las cartas de manera despreocupada, mientras piensa en su necesidad de recordar el sueño.

Pregúntese a sí mismo cuál área de la vida abarcaba su sueño. Si involucraba amor, sexo, momentos felices y actividades divertidas, el palo de corazones sería el indicado. Si involucraba dinero, posición, poder y progreso, se emplearía el palo de diamantes. Los tréboles se relacionan con creatividad y trabajo duro, y las picas con cambio, misterio, confusión, advertencias y sueños desagradables.

Usted puede no saber conscientemente cuál área de la vida abarcaba su sueño, pero examinando los palos de esta forma, probablemente creará un sentido de reconocimiento que le dará una pista. Supongamos que su cuerpo respondió de algún modo al palo de diamantes. Saque de la baraja todas las cartas de este palo y colóquelas en línea recta frente a usted. Las cartas son puestas en orden del as al rey y de izquierda a derecha.

Mire estas cartas de manera despreocupada. Observe cada carta y vea si alguna estimula su memoria. Luego, comenzando con el rey, examínelas unos momentos y capte lo que tienen que decirle. Posiblemente su sueño regresará a usted antes de llegar a la última carta.

Otra forma de hacer este ritual de meditación es ignorar los palos y usar el valor numerológico de las cartas. Si siente que su sueño se relacionaba con un deseo de libertad, ponga los cuatro cincos frente a usted y examínelos. Igualmente, si el sueño tenía que ver con comunicación de alguna forma, examine las cuatro cartas con el número tres. Personalmente prefiero usar los palos en lugar de los números, pero utilizo ambos métodos, dependiendo de cuáles recuerdos vagos tengo.

MÉTODO GITANO

Este antiguo método gitano fue inventado para dar significados a sueños olvidados, además de adicionar más información a los sueños que son recordados.

El procedimiento es simple. Las cartas son bien barajadas y partidas. Luego son colocadas boca abajo, y se selecciona una de cualquier parte de la baraja. Esta carta es interpretada usando los significados presentados en el capítulo 2.

Sin embargo, a esto puede agregarse un paso más, utilizando el día de la semana y el número de la carta. (En este sistema, la sota es 11, la reina 12 y el rey 13).

Cada día de la semana se relaciona con un planeta en particular:

Domingo—Sol

Lunes—Luna

Martes—Marte

Miércoles—Mercurio

Jueves—Júpiter

Viernes—Venus

Sábado—Saturno

Por ejemplo, usted despierta una mañana de miércoles, recordando vagamente que ha tenido un sueño de algún tipo. Baraja las cartas, parte la baraja, y escoge una carta al azar. Ésta resulta ser el seis de corazones. En el capítulo 2 leyó que dicha carta promete un lento pero estable progreso en sus circunstancias. Deberá ser paciente, evitando tratar de forzar a que las cosas sucedan antes de estar listas.

Ahora mira la tabla de Mercurio, presentada en las páginas siguientes, y ve lo que aparece listado junto al número seis. (Esto se debe a que Mercurio se relaciona con el miércoles y el seis es el número del seis de corazones). "Usted está rodeado de amor". Esto le ayuda a aclarar el significado del seis de corazones, ya que usualmente está relacionado con asuntos amorosos. Parece que usted está rodeado de amor, sea o no consciente de ello, y su relación mejorará lenta pero establemente.

Veamos otro ejemplo. Usted despierta una mañana de sábado, con un recuerdo vago de su sueño. La carta escogida al azar es el cuatro de tréboles. Esto muestra que recibirá ayuda de otras personas cuando sea requerida. Usted encuentra difícil pedirle ayuda a los demás, y probablemente no se da cuenta que le tienen un gran respeto. También se le dificulta expresar sus emociones. Cuando mira el número cuatro en la tabla de Saturno encuentra, "no debe preocuparse, la situación se aclarará con el tiempo. Esto indica un problema que lo está preocupando. Sin embargo, no hay por qué inquietarse, pues la situación se aclarará con el tiempo, y las personas cercanas a usted estarán dispuestas a ayudar si es necesario.

Como ve, este sistema puede proveer útiles discernimientos en asuntos que ocurren en su vida, incluso cuando no recuerda los sueños. Naturalmente, los beneficios serán mayores cuando los recuerde, ya que puede adicionar esta información para ayudar a interpretarlos.

TABLA DEL SOL

1. Esté preparado para un cambio. Piense antes de actuar.
2. Sea paciente. No se precipite.
3. Alguien puede estar mintiendo.
4. El trabajo duro paga, pero saque tiempo para relajarse.
5. Se está engañando a sí mismo.
6. Todas las relaciones cercanas son favorecidas. Sea amable.
7. Pase tiempo en solitario para pensar las cosas.
8. La buena suerte se avecina.
9. Piense cuidadosamente y planee las cosas.
10. Un nuevo amigo no está lejos.
11. No diga todo lo que sabe.
12. Una conversación casual brinda una nueva oportunidad.
13. Alguien que conoce es mejor amigo de lo que usted cree.

TABLA DE LA LUNA

1. El resultado será favorable.
2. Saque tiempo para valorar la situación antes de actuar.
3. No tome las cosas muy seriamente.
4. Calme las aguas turbulentas.
5. Se avecina una emocionante oportunidad.
6. Los momentos más felices serán vividos en el hogar.
7. Piense cuidadosamente antes de actuar.
8. Posible progreso financiero si actúa con determinación.
9. Contratiempo temporal.
10. El chisme es falso. No escuche.
11. Progreso lento pero estable.
12. Un compromiso social alivia el estrés.
13. Usted va por buen camino.

TABLA DE MARTE

1. La señora fortuna le está sonriendo.
2. Potencial para amor y romance.
3. No vacile. El tiempo es apropiado.
4. Nada que valga la pena sucede sin esfuerzo.
5. Será tentado. Piense antes de actuar.
6. Alguien que no ha tenido en cuenta se preocupa por usted.
7. Cuidado con la envidia.
8. Cambio temporal.

9. La felicidad está más cerca de lo que cree.

10. Éxito final. Dos pasos adelante, un paso atrás.

11. Haga lo que es correcto.

12. Piense en un deseo. Los presagios son buenos.

13. Todo lo que necesita ya está alrededor de usted.

TABLA DE MERCURIO

1. Nuevas oportunidades financieras se avecinan.

2. Cuidado con los amigos de los buenos tiempos.

3. Posibilidad de viaje.

4. El cambio es necesario y brindará un mejor futuro.

5. La paciencia es necesaria.

6. Usted está rodeado de amor.

7. Un encuentro casual deja mucho que desear.

8. Los problemas económicos son temporales.

9. Una oportunidad para aprender de la experiencia.

10. Progreso lento, pero el resultado vale la pena.

11. Evite rumores y chismes.

12. Aproveche una oportunidad para divertirse y reír.

13. Las peleas no tienen ganadores.

TABLA DE JÚPITER

1. Buena suerte.

2. Se está preocupando sin necesidad.

3. Un amigo alegre ofrecerá consejos.
Escuche atentamente.

4. Buenas noticias desde lejos.

5. Espere lo inesperado.

6. Evite las personas negativas. Sea positivo.

7. Confíe en su intuición.

8. El dinero llega después de un gran esfuerzo.

9. El hipo temporal pasa rápidamente.

10. Apunte hacia lo alto y piense constantemente en su objetivo.

11. Sea cuidadoso. Ponga atención a los detalles.

12. Piense primero y luego decida.

13. Sea agradecido y exprésalo a los demás.

TABLA DE VENUS

1. Un cambio favorable, después de un corto retraso.

2. Posibilidad de un viaje para ver viejos amigos.

3. Espere buenas noticias.

4. La oportunidad que está esperando está a punto de llegar.

5. Nuevos discernimientos le permiten ver la situación con otra perspectiva.

6. El amor y el romance son favorecidos.

7. Saque tiempo para relajarse.

8. Personas jóvenes brindan un acogedor descanso.

9. Buenas noticias para alguien cercano a usted.

10. Se presentará un desafío bienvenido.

11. Tiempo para unas vacaciones.

12. Un buen ejemplo es puesto por alguien que apenas conoce.

13. Tiempo para valorar de nuevo lo que sucede en su vida.

Tabla de Saturno

1. Los sentimientos de impotencia desaparecerán gradualmente.

2. Frustración temporal. Manténgase en calma y en control.

3. Oportunidad para hacer nuevos amigos.

4. No debe preocuparse. La situación se aclarará con el tiempo.

5. Piense antes de actuar. Es necesario tener cautela.

6. Sea derrochador.

7. Valore las personas especiales en su vida.

8. Se avecinan buenas noticias.

9. Es el momento apropiado para actuar. Avance confiadamente.

10. Evalúe sus ideas cuidadosamente. Una ofrece gran promesa.

11. Va por buen camino.

12. Alguien le está enviando buenos pensamientos.

13. Un cambio inesperado y bueno trae felicidad.

Notas

Introducción

1. Sir William Wilkinson (1858–1930) tuvo una larga carrera como cónsul británico en China, y se convirtió en coleccionista de cartas. Usando el seudónimo de Khanhoo, escribió varios libros, incluyendo *The Game of Khanhoo* y *Bridge Maxims*. El doctor Stewart Culin (1858–1929) fue director del museo de arqueología y paleontología de la Universidad de Pensilvania. Escribió *Korean Games, The Gambling Games of the Chinese in America*, y *Chess and Playing Cards*.

2. En su libro *A History of Playing Cards,* Roger Tilley especula que la primera baraja europea puede haber sido creada por un miniaturista del Norte de Italia. Probablemente, esta persona en principio estaba encargada de crear un juego de pinturas en miniatura de la familia gobernante, y luego amplió su trabajo incluyendo otras miniaturas destinadas a servir como ayudas docentes.

3. Kaplan, *The Encyclopedia of Tarot*, 24–25.

4. Tilley, *A History of Playing Cards*, 11.

5. Hermano Johannes von Rheinfelden, *Tractatus de moribus et disciplina humanae conversationis*. Desafortunadamente, la copia de este manuscrito en el Museo Británico data de 1472. Por consiguiente, la fecha de 1377 puede no ser correcta.

6. Anónimo, *The Encyclopedia of Occult Sciences*, 220. Aunque el autor insistió en el anonimato, la introducción de M. C. Poinsot es escrita con el mismo estilo del resto del libro. Algunos relatos de esta historia atribuyen a Agnes Sorel, y no a Odette, la introducción de las cartas al rey Carlos VII.

7. Lehmann-Haupt, *Gutenberg*, 89.

8. Los corazones, tréboles, diamantes y picas son usados en Francia, el Reino Unido, los Estados Unidos y muchas otras partes del mundo. Sin embargo, en Italia y España se usan oros, copas, espadas y bastos. En Alemania y Europa Central, comúnmente son utilizados corazones, campanas, hojas y bellotas. En Suiza, se usan escudos y flores en lugar de corazones y hojas.

9. Beal, *Playing Cards and Their Story*, 58.

10. Wowk, *Playing Cards of the World*, 142.

11. Grillot de Givry, *Illustrated*, 290–93.

CAPÍTULO DOS

1. Taylor, *History,* 142. Los orígenes de esta historia no son conocidos, pero el Sr. Taylor creía que la primera versión impresa fue *Anecdote curieuse et interessante, sous le nom de Louis Bras-de-fer,* que apareció en Bruselas en 1778.

2. La primera versión inglesa de esta historia fue "The Perpetual Almanac or Gentleman Soldier's Prayer Book," impreso en Seven Dials de Londres, hace unos doscientos años.

3. Para propósitos de simplicidad, en este libro me refiero sólo a relaciones heterosexuales. Naturalmente, si el consultante es gay, las cartas que representan a su potencial pareja serán del mismo sexo.

4. Hay otras explicaciones dadas para indicar cómo esta carta llegó a ser llamada "la maldición de Escocia". Sin embargo, la asociación con el conde de Stair es la más probable, ya que su escudo de armas incluía nueve formas de losange, y él fue muy detestado debido a su asociación con la masacre de Glencoe.

5. Gattey, *They Saw Tomorrow,* 180.

APÉNDICE

1. Fodor, *Encyclopaedia of Psychic Science,* 108–109.

LECTURAS SUGERIDAS

Anónimo. *The Encyclopedia of Occult Sciences*. Nueva York: Robert M. McBride and Company, 1939.

Beal, George. *Playing Cards and Their Story*. Newton Abbot, U.K.: David and Charles (Holdings) Limited, 1975.

Fodor, Nandor. *Encyclopaedia of Psychic Science*. New Hyde Park, N.J.: University Books, Inc., 1966.

Gattey, Charles Neilson. *They Saw Tomorrow*. Londres: Granada Publishing Limited, 1977.

Grillot de Givry, Émile. *Illustrated Anthology of Sorcery, Magic and Alchemy*. Traducido al Ingles por J. Courtenay Locke. Nueva York: Causeway Books, 1973. Originalmente publicado como *Anthologie de l'Occultisme* (Paris: Editions Chacornac, 1929).

Lecturas sugeridas

Kaplan, Stuart R. *The Encyclopedia of Tarot.* Nueva York: U.S. Games Systems, Inc., 1978.

Lehmann-Haupt, Hellmut. *Gutenberg and the Master of the Playing Cards.* New Haven, Conn.: Yale University Press, 1966.

Mann, Sylvia. *Collecting Playing Cards.* Londres: MacGibbon and Kee Limited, 1966.

Taylor, E. S., ed. *The History of Playing Cards with Anecdotes of their use in Conjuring, Fortune-telling and Card-sharping.* Londres: John Camden Hotten, 1865.

Tilley, Roger. *A History of Playing Cards.* Nueva York: Clarkson N. Potter, Inc., 1973.

Wowk, Kathleen. *Playing Cards of the World: A Collector's Guide.* Guildford, U.K.: Lutterworth Press, 1983.

Contacte la ayuda celestial

Ángeles guardianes y guías espirituales

Richard Webster

Richard Webster

ÁNGELES GUARDIANES Y GUÍAS ESPIRITUALES

Todos recibimos su ayuda a través de mensajes que ellos nos envían constantemente pero que comúnmente no sabemos reconocer o interpretar. Este libro le mostrará como usted podrá con su Ángel guardian y sus guías espirituales efectivamente.

5³⁄₁₆" x 8" • 336 págs.

1-56718-786-2

Migene González–Wipler
EL LIBRO DE LAS SOMBRAS

El libro de las sombras es obra única escrita originalmente en español en donde se expone la verdad acerca del mundo místico de la religión Wicca. Conozca el verdadero propósito de una religión que ama a la naturaleza.

5³⁄₁₆" x 8" • 240 págs.

0-7387-0205-6

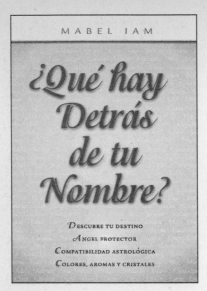

MABEL IAM

¿Qué hay
Detrás
de tu
Nombre?

Descubre tu destino
Angel protector
Compatibilidad astrológica
Colores, aromas y cristales

Mabel Iam

¿QUÉ HAY DETRÁS DE TU NOMBRE

Mabel revela en esta obra cómo emplear las
cualidades y los poderes en nuestro nombre
para fortalecer el autoestima y mejorar
las relaciones con los demás. Contiene el
significado de las letras, la personalidad,
el Ángel correspondiente para cada nombre y
su compatibilidad astrológica.

5³⁄₁₆" x 8" • 382 págs.
0-7387-0257-9

Dra. Adrian Calabrese
OBTENGA ÉXITO
Utilice el poder de su mente

El secreto para convertir sus sueños en
realidad se encuentra en usted.
—Poderosas reservas espirituales e intuitivas
que le permiten alcanzar sus metas
y transformar su vida—.
Aprenda rapidamente a realizar
sus deseos con este práctico libro.

7½" x 9⅛" • 288 págs.

0-7387-0215-3

Sandra Kynes

FENG SHUI CON GEMAS Y CRISTALES
Equilibrando la energía natural

El antiguo arte chino del Feng Shui emplea cristales y gemas para atraer energía positiva y contrarrestar la negativa en su espacio vital. Aprenda los conceptos y herramientas básicas del Feng Shui, las aplicaciones tradicionales de los cristales y los diferentes atributos y usos específicos de las gemas.

6" x 9" • 240 págs.
0-7387-0267-6

Migene González-Wippler
LEYENDAS DE LA SANTERÍA
Pataki

Adquiera mayor entendimiento sobre los
orígenes de la Santería. La antropóloga cultural
Migene González-Wippler, recopila cincuenta
auténticos Patakis (leyendas) en donde
los Orishas (deidades de la santería)
representan todos los arquetipos que
simbolizan la condición humana y describen
la creación de la tierra y de la humanidad.

5³⁄₁₆" x 8" • 288 págs.
1-56718-294-1

Elaine Mercado
APARICIONES
Una historia verdadera

Este libro narra los eventos paranormales sucedidos en una casa de Brooklyn, Nueva York en 1982. Escrito por uno de los miembros de la familia quien experimentó el fenómeno por trece años.

6" x 9" • 216 págs.

0-7387-0214-5

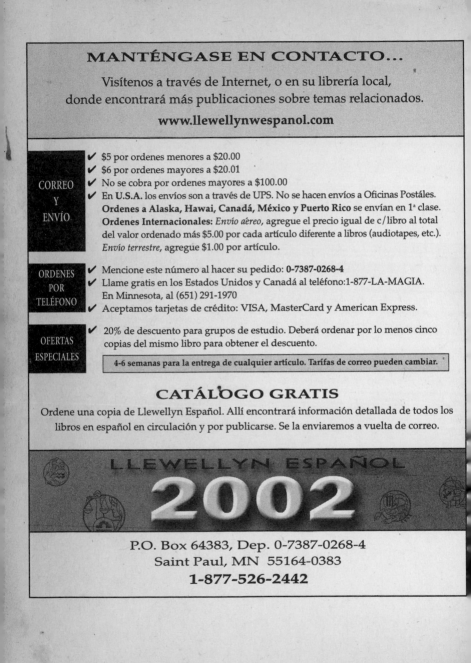

La mejor alternativa
para su salud

TRATAMIENTOS AYURVÉDICOS

Joyce Bueker

Joyce Bueker
TRATAMIENTOS AYURVÉDICOS
La mejor alternativa para su salud

Cree un estilo de vida armonioso basado
en su constitución mental y corporal.
Un libro que le ofrece un acercamiento simple
y efectivo sobre la integración de
programas naturales para la salud.

7½" x 9⅛" • 208 págs.

0-7387-0211-0